都市と地域の社会学

（新訂）都市と地域の社会学（'24）

©2024　北川由紀彦・玉野和志

装丁デザイン：牧野剛士
本文デザイン：畑中　猛

s-73

まえがき

　ご出身はどちらですか？———私たちはしばしば，知り合いになった
人との雑談の中でこうした質問を交わします。関東の出身なのか関西の
出身なのか，寒い地域なのか暑い地域なのか，海辺の地域なのか山深い
地域なのか，「都会」なのか「田舎」なのか，等々。その地域ならでは
の様々な文化や風習，ものの感じ方や考え方の違いをダシに話が盛り上
がった経験がある方も少なくないのではないでしょうか。

　私たちのものの感じ方や考え方，そしてまた人々が織りなす社会生活
は，住んでいる地域の特性から様々な影響を知らず知らずのうちに受け
ています。いわゆる「田舎」から「都会」へ，あるいは「都会」から
「田舎」へ転居をしたことがある方の中には，生活環境の変化はもちろ
んのこと，近所づきあいやその他の人づきあいの仕方の違いなどに戸
惑った経験がある方もいらっしゃることでしょう。前に住んでいた地域
では当たり前と感じていたことが別の地域では全く当たり前ではないこ
とに気づくということは，自分が暮らしてきた地域から自分自身が知ら
ず知らずのうちに影響を受けていたということに気づくことでもありま
す。他方で，私たちは，地域で暮らしている中で，町内会やPTA，ボ
ランティア団体や市民活動団体などを通じて，その地域で生じている問
題や課題に対して働きかけを行い，地域を変えよう，よりよい地域をつ
くろうと試みることもあります。地域が私たちに影響を及ぼすという関
係がある一方で，私たちが地域に影響を与えるという関係もあるのです。

　本書は，放送大学のラジオ科目「都市と地域の社会学（'18）」の改訂
科目である「都市と地域の社会学（'24）」の教科書（印刷教材）として
執筆されたものです。本書のねらいの一つは，社会学の中でも，主には

都市社会学や地域社会学という専門分野の知見を紹介しながら，ここまで触れてきたような，地域とそこで暮らす人々との関係についての理解を深めることにあります。

　さて，放送大学の学生は，年齢や職業，お住まいの地域が多様であることはもちろんですが，地域社会との関わりという点でも多様です。仕事と家庭のことで手一杯で地域と関わる機会はほとんどない，という方がいらっしゃる一方で，会社勤めをリタイアした後の「第二の人生」の中で町内会やボランティア団体で役員を務めるなどして地域の様々な社会的活動に積極的に携わっている方や，自治体やNPO法人に勤務するなどして，仕事を通じて地域社会に関わっている方もいらっしゃいます。放送大学に勤務していますと，学生のみなさんが日々の生活や活動の中で感じている地域の問題や課題の解決方法について質問を受けることも少なくありません。本書のもう一つのねらいは，都市や地域について社会学の立場から論じようとする際の基本的な視点や考え方を知っていただくことであって，具体的な都市や地域の問題・課題の解決のための直接の「答え」を提供することではありません。ですが，本書で紹介される考え方や知見などの中には，そうした問題や課題に的確に取り組むうえでのヒントも含まれているものと思います。お住まいの都市や地域について何か具体的な問題関心をお持ちの方は，そうした観点から本書をお読みいただければと思います。

　また，本書の編集者の福岡二九雄さん，放送教材のプロデューサーの野口琢磨さんには大変お世話になりました。この場を借りて厚く御礼申し上げます。

2023 年10月

北川由紀彦・玉野和志

目次

1 | 都市・地域・コミュニティ

北川由紀彦

《目標＆ポイント》　この章では，科目全体のイントロダクションとして，「都市」や「地域」が社会学において固有の研究対象とされてきたことの意味について論じるとともに，「地域」「コミュニティ」という用語の多義性について論じる。

《キーワード》　近代化，社会的分化，期待概念と分析概念，コミュニティ

1. はじめに

　本書は，放送大学の科目「都市と地域の社会学」のテキストとして執筆されている。「社会学」と一口に言っても，例えば教育に関わる現象を主に対象とする教育社会学や，様々な文化現象を対象とする文化社会学，環境問題を主な対象とする環境社会学や災害に関わる現象を対象とする災害社会学など，対象に応じて様々な専門分野がある。そうした中で，本書は，社会学の中でも，「都市」や「地域」といった具体的な空間的範域で営まれている社会生活のありようを研究対象とする分野，具体的には，都市社会学や地域社会学と言われる分野に依拠し，そこでの基本的な考え方や研究方法，理論や学説，知見などについていくつかの小テーマを設定しながら論じていく。

　とはいえ，なぜ「都市」や「地域」での社会生活が社会学において固有の研究対象として設定されてきたのだろうか。また，そもそも「地域」とは何だろうか。さらに「地域」と似たような言葉に「コミュニ

ティ」という言葉があるが，これはどういう意味なのだろうか。この章では，こうした点について順番に論じていきたい。

2. なぜ社会学は都市を対象としてきたのか

（1）パリの「14番目役」

　社会学の草創期を代表する社会学者であり，同時に，都市に注目することの社会学的な重要性を指摘した人物の1人に，ジンメル（Simmel, G. 1858-1918）がいる。彼は，1903年に著したエッセイ「大都市と精神生活」の中で，都市においては経済的な分業が発達することを指摘し，その極端な一例としてパリに存在する「14番目役という有償の職業」を挙げている。この「14番目役というのは，住居に人にわかるように看板がかかっていて，晩餐の時刻に正装をして準備しており，晩餐会の人数が13人になりそうなときに，すぐに呼び出しに応じられるようにしている人」のこと

写真提供　GRANGER／ユニフォトプレス
図表1-1　ゲオルク・ジンメル（Georg Simmel 1858-1918）

だという（Simmel, 1903 = 2011：16頁）。カトリック信徒が多かった当時のパリにおいては，13人での晩餐は，イエスの「最後の晩餐」を思い起こさせるという理由から，できれば避けたいことであった。そこで，なんらかの理由で晩餐会の出席予定者が13人になってしまった場合に，13人での晩餐を回避するために，「14番目役」という職業の人にお金を払って晩餐会に来てもらっていたというのである。ここで注目したいのは，それが「職業」であったという点である。いかに当時のパリ

において晩餐会を催すことが頻繁にあったとしても，人の一生の中で，自分が催す晩餐会の出席予定者が13人になってしまうという事態——「14番目役」が必要となる事態——はそうそうあることではない。もしも「14番目役」への仕事の依頼が月に1，2回しかなければ，それで生計を立てるためにはある程度高額な料金を設定せざるを得ないが，あまり高額であれば，誰も「14番目役」に頼もうとは思わないだろう。したがって「14番目役」が職業として成立するためには，"13人しか集まらない"事態が街のそこかしこで定期的に発生している，ということが必要となる。そのためには，かなり多くの人口がその街に集中している必要がある。つまり，都市は大量の人口が集中しているというまさにそのことによって，その内部に様々な専門的な職業を成立させる——経済的な分業が発達するようになる，ということをジンメルは指摘しているのである。

（2）近代化の最先端としての都市

　分業の発達以外にもジンメルは，都市においては，それまでの村落的な社会においては見られなかったような様々な現象が社会や個人に生じるようになると主張する。例えば，都市での生活は複雑さを増しているので，人々は物事を貨幣に換算して考えるようになるとともに，日々の生活の中で時間的な正確さを求めるようになる。また，都市での生活は刺激に満ちているので，都市で生活する人々は，そうした刺激に対して敏感に反応しなくなり，飽きっぽくなる。さらに，都市においては，人と人とが接触する時間が平均的に短くなり一面的になるために，その分相手に与える印象を強めようとして，個人の個性が強調されるようになる，といった具合である。ただし，都市についてのジンメルのこうした主張が当時のヨーロッパの大都市に関してどの程度妥当なものであった

のかという点については，ジンメルの主張が多岐にわたっていて抽象度も高く，直接に検証することは困難であるため，ここではあまり立ち入らないでおこう。それよりも，むしろここで注目したいのは，ジンメルがわざわざ大都市を取り上げた，ということの意味である。

　社会学は，政治学や法学，経済学といった他の社会科学よりもずっと後，市民革命や産業革命を踏まえての近代化という大きな社会変動の過程で誕生した学問である。そしてそこでの根本的な問題関心は，近代化という社会変動が人間社会に何をもたらしていて，人間社会はどのように変化していくのか，という点にあった。こうした問題関心を抱いた社会学者の一人であるジンメルにとって，大都市という集落は，近代化という社会変動が人間社会に与える影響が最も先端的な形をとって現れる場であり，それゆえにジンメルは大都市それ自体が社会学的に検討に値する対象であるという提起を行ったのである。ただし，ジンメルは大都市が社会学にとって重要な対象であるという問題提起は行ったものの，都市についての社会学的な研究を具体的にどのように深めていくべきか，という点についてはあまり踏み込まなかった。このジンメルの問題提起を受けて都市という集落の研究の方法を具体的に模索し，都市を対象とした固有の研究領域を打ち立てたのは，20世紀初め，アメリカのシカゴ大学に集った一群の人々であり，こうした人々はのちにシカゴ学派と呼ばれることになる。このシカゴ学派が都市研究において採用した研究方法などについては，第2章で述べることにしたい。

3. なぜ社会学は「地域」を対象としてきたのか

(1)「地域」とは

　戦後の日本社会は全般的には「都市化」——ここではさしあたり，村落であった集落が都市へと変化していく過程という程度に受け取ってほ

しい——が進んだ。しかし日本国内にも，過疎化が進んだ集落や，「都市」と呼ぶよりは「田舎」と呼んだほうがしっくりくるような集落もある。本書では，都市的ではない集落にも関連する現象や事柄も取り扱うため，「都市と地域の社会学」というタイトルをつけている。つまり，本書では都市的な地域だけでなく村落的な地域についても取り扱うということである。

　では，そもそも「地域」とはなんだろうか。「地域」という言葉は，アカデミズムにおいても日常生活においても様々に用いられている。例えば，アカデミズムの中には「地域研究」と総称される分野があるが，そこでの「地域」はしばしば，国家あるいは国家を包含するような広汎な地域——「東アジア地域」とか「中東地域」のように——を指す場合も少なくない。かと思えば，例えば「○○県の県北地域」といった具合に特定の都道府県の中の一部分を指したり，市町村の中の一部分，あるいはさらに狭い隣近所くらいの範囲を指して「地域」という言葉が用いられる場合もある。一口に「地域」と言っても，その空間的な範囲は，その言葉が用いられる文脈によって，またその言葉を用いる際の目的によって様々に設定されている。他方で，空間的範囲とは別の次元で，「地域」という言葉を使うことによって把握しよう／論じようとすることの射程にも幅がある。単なる空間的な範囲を指して「地域」という言葉が用いられる場合もあれば，その範囲の中で実際に取り結ばれている人間関係のありようや社会生活の実態，いわゆる「地域社会」のことを指して「地域」と呼ぶ場合もある。つまり，「地域」という言葉は，その端的な指示範囲においても，その射程においても，非常に柔軟性をもった言葉であり，その柔軟さゆえに，アカデミズムだけでなく日常生活においても広く使われてきた。とはいえ，全く無限定に「地域」という言葉を使ってしまっては混乱してしまうだろう。そこで本書では，基本的には，市町村という基礎自治

体を範囲とした空間として「地域」を，また，そこで住民等によって展開されている社会関係のことを「地域社会」と呼んでいくことにしたい。

（2）なぜ「地域」に注目するのか

　では，なぜ社会学は「地域」ないし「地域社会」に注目するのか。それは，私たちが，自分が住んでいる地域を基点にして日々の社会生活を営んでいるためである。もちろん，読者の中には，自分が住んでいる市町村の外にある勤務先の会社や学校で一日の大半を過ごし，友人・知人も勤務先や通学先で出会う人がほとんどであるという人もいるかもしれない。それでも，通勤・通学も，買い物やその他の外出も，住まいを拠点として展開されることは間違いない。そうした活動が市町村の中で完結する場合もあれば市町村を超えた範囲で展開される場合もあるだろうが，地域をまったく経由しないということはあり得ない。また，日常生活において生じる様々なニーズを，私たちは，ふだんそれと認識することがなくとも地域の中で充足してもいる。例えば，生活の中で出るゴミは，近隣に設けられた集積所（ゴミステーション等）に出すなどして自治体に回収してもらうことで処理しているし，食料品などの日常的な買い物は，近隣のスーパーマーケットや商店街，コンビニエンスストアなどで済ませる人が大半だろう。また，自然災害に遭った際には，隣近所や町内会（町会・自治会など）を通じた助け合いが重要になることもあるだろう。人によって，地域によって近所付き合いに濃淡はあるかもしれないが，近隣の住民とまったく関わりを持たないで生活することもまた，難しいだろう。こうした経験的事実から，社会学は，そこが都市であるかどうかにかかわらず，「地域」ないし「地域社会」に注目してきたのである。

　なお，多くの場合，日常生活に直接関わるような公共サービスの多く

――各種の福祉サービスやゴミ処理，義務教育など――は基礎自治体を
通して提供される一方，基礎自治体は，住民による投票や請願・陳情と
いった行為によって統制もされる。先に本書での「地域」の基本的な範
囲として市町村を設定したのは，このような基礎自治体の日常生活への
関わりの深さゆえである。

4. コミュニティとは何か

（1）分析概念としての「コミュニティ」

　「地域」と似たような言葉に，「コミュニティ（community）」がある。
「コミュニティ」という言葉は，日本語として日常的にも用いられてい
るが，その言葉が指す範囲や意味もまた，一様ではない。例えば，「科
学者コミュニティ」や「芸術家コミュニティ」のように，共通の関心や
利害によって結びついている人々の集合体一般を指して「コミュニティ」
という言葉が用いられる場合がある。また最近では，インターネット上
で展開される特定の趣味や関心を同じくする人同士の集合体を指して
「○○コミュニティ」と呼ぶこともある。こうした場合の「コミュニ
ティ」には，その空間的な範域（そのメンバーが住んでいる地理的範
囲）には特に意味は見出されない。しかし，このように空間的範域にこ
だわらない集合体を「コミュニティ」と呼ぶ用法は，交通・通信手段が
発達し，相手がどこに住んでいるか，どの程度頻繁に対面で会っている
かということにあまり縛られずに人々がつながりを形成し維持できるよ
うになったことによって用いられるようになった用法であるといっても
よい。

　社会学における古典的な定義においては，「コミュニティ」は何より
もまず，一定の地理的な範囲において展開される人間の社会生活のあり
ようとされる。例えば，社会学者のマッキーヴァー（MacIver, R. M.）

は，1917年に著した『コミュニティ』の中で，コミュニティという概念を，アソシエーションと対比させながら次のように定義する。「私は，コミュニティという語を，村とか町，あるいは地方や国とかもっと広い範囲の共同生活のいずれかの領域を指すのに用いようと思う。〔中略〕アソシエーションとは，社会的存在がある共同の関心〔利害〕または諸関心を追求するための組織体（あるいは〈組織される〉社会的存在の一団）である」（MacIver, 1917 = 1975：46頁）。マッキーヴァーの「コミュニティ」規定は，地域性と共同性によって特徴づけられるとひとまずは言うことができる。しかし，上記の引用からもうかがえるように，彼の「コミュニティ」は，あくまでも，明確で限定的な関心や目的のもとに結成されるアソシエーションとの対比において論じられる，より包括的な領域とされているため，その空間的範囲は村から国にまでおよぶ伸縮自在なものとされており，またその内部で展開されているところの「共同生活」の中身にも相当な幅がある。

　それから30年以上後，ヒラリー（Hillery Jr., G. A.）は，1955年に著した「コミュニティの定義」という論文で，既存の94の研究において「コミュニティ」という概念がどのように定義され用いられているのかを検討している。ヒラリーは，同じように「コミュニティ」という言葉を使っていても，その定義には論者によって相当の幅があり，完全に一致した定義が存しないことを確認したうえで，大半の論者によって共有されている点として，一定の地理的な範囲を前提として，その内部で社会的相互作用が広汎になされていること，また，その成員が共通の絆によって結ばれていることを挙げている（Hillery, 1955）。

　ヒラリーが抽出した「コミュニティ」の定義は，一定の地理的範囲において実際に存在するある種の社会関係の束，つまりは，ある特性を備えた実体としての地域社会を指す言葉であると解することができる[1]。

---

1) ここで「ある特性を備えた」という但し書きをつけているのは，実際の地域社会の中には，ヒラリーが抽出した要素のうち広汎な相互作用や共通の絆が欠如している，あるいは弱まっているものもあるためである。

つまり，「コミュニティ」という言葉は，まずもって，実際に存在する地域社会のありようを把握するための概念——分析概念として用いられてきた。しかしながら，日本においては，「コミュニティ」は，実体を指す言葉としてだけではなく，地域社会の"ある望ましい状態"を指す言葉として，すなわち，期待概念としても用いられてきた。

（2）期待概念としての「コミュニティ」

　日本の少なくない市町村には，コミュニティ・センター（しばしば略してコミセン）と呼ばれる集会施設が設置されている。こうした集会施設の多くは，主に1970年代に，政府が主導して，住民の社会的活動を活性化するための施策——コミュニティ政策の一環として作られたものである。その背景にあったのは，戦後日本社会が急速に都市化する中で，村落社会においてみられたような地域内の相互扶助的関係が衰退し多くの住民が私生活に埋没するようになったことにより，地域社会において様々な問題が生じている，という認識である。しばしばコミュニティ政策の出発点とされるのが，1969年に政府が設置した国民生活審議会調査部会コミュニティ問題小委員会による『コミュニティ』という報告書である。

　この報告書の中では，「コミュニティ」は「生活の場において，市民としての自主性と責任を自覚した個人および家庭を構成主体として，地域性と各種の共通目標をもった，開放的でしかも構成員相互に信頼感のある集団」と定義されるとともに，「コミュニティ」が不在であることに関連して，個人や家族だけでは十分に対応しきれない様々な社会問題，例えば少年非行や高齢者の孤立等が生じているという指摘がなされている[2]。そして，そうであるがゆえに，「コミュニティ」形成を促進

---

2) 補足しておくと，この報告書がとりまとめられた1960年代当時においても，都市的な地域であれ村落的な地域であれ，地域で生じている問題の解決に取り組む組織として町内会やそれに類する組織は存在していた。しかしながら，町内会の活動に積極的に参加する人が減少する傾向にあることで，その問題解決能力の限界が指摘されるようになっていた。

することによって地域において生じる社会問題の解決力を高めるような施策が必要である，ということが述べられている（国民生活審議会調査部会コミュニティ問題小委員会，1969）。そして，こうした問題認識のもと，日本では，先述したコミュニティ・センターの設置などの様々なコミュニティ政策が実施され，それに触発される形で社会学者も1970年代以降，「コミュニティ」形成についての様々な研究を展開するようになった。そこで用いられるところの「コミュニティ」は，地域社会の実態そのものではなく，ある理想的な地域社会の状態（その中身は論者によって様々である）を指す期待概念であった。そこでは，実際に存在する地域社会のありようが「コミュニティ」にどの程度近いものであるのか，あるいは，実際の地域社会の変化が「コミュニティ」形成の方向に向かっているのか，あるいは，ある地域において展開されている政策や住民運動などが「コミュニティ」形成にとってどのような意味があるのか，といったことなどについての検討がなされてきた。

　このように，「コミュニティ」は，地域社会の実態を明らかにするための分析概念としてだけでなく，実際にそうであるかどうかにかかわらず地域社会のある理想的な状態を指す期待概念としても用いられてきた。しかしながら，残念なことに，コミュニティについて論じた様々な文献の中には，「コミュニティ」を分析概念として用いているのか期待概念として用いているのかを明示していない（しばしばその文献の著者自身の頭の中でも区別できていない）ものも少なくない。また，例えば「コミュニティ形成」といった文言とともに期待概念として「コミュニティ」を用いている場合，どのような状態を「コミュニティ」として定義しているのかがあいまいである場合もある。「コミュニティ」という言葉につきまとう“とらえどころのなさ”や“分かりにくさ”の一端は，こうした点に起因している。

　本書の次章以降では，こうした点をふまえ，原則として，実際の地域社会のありようを指す言葉——分析概念——としては「コミュニティ」ではなく「地域社会」を用い，「コミュニティ」という言葉は，期待概念としてのみ用いる，という使い分けを行い，また，特別な意味がない限り「」は外して用いることにしたい。また，読者の中には，本書を手がかりとして，発展的な学習のために「コミュニティ」について論じた文献を自ら読もうと思う人もいるかもしれないが，その際は，その文献内で「コミュニティ」はどのように定義されているのか，分析概念なのか期待概念なのか，あるいはその区別があいまいであるのか，また，地理的な限定のもとに用いられている概念であるのかそうではないのか，といったことを意識しながら読むと混乱を避けられるのではないかと思う。

1．都市であるがゆえに成立すると考えられる職業にはどのようなものがあるのか，考えてみよう。
2．自分の日常生活は自分が住んでいる地域社会とどの程度関わりがあるのか（例えば過去一ヶ月間に地域社会の中でどのような人と，どのような会話を，どのくらいしたか），関わりが濃密である（あるいは希薄である）とすればそれはなぜなのか，考えてみよう。

参考文献 ▌

Hillery Jr. & George A.（1955）"Definitions of Community：Areas of Agreement",
　Rural Sociology, 20（2）：111-123.

MacIver, R. M.（1917）*Community：A Sociological Study；Being an Attempt to
　Set Out the Nature and Fundamental Laws of Social Life*, London：Macmillan
　and Co.〈＝中久郎・松本通晴監訳（1975）『コミュニティ』ミネルヴァ書房〉

Simmel, Georg（1903）"Die Grosßtäte und das Geistesleben", *Jahrbuch der Gehe-
　stifung zu Dresden*, 9：185-206.〈＝松本康訳（2011）「大都市と精神生活」松本
　康編『近代アーバニズム』(都市社会学セレクション I) 日本評論社：1-20.〉

国民生活審議会調査部会コミュニティ問題小委員会（1969）『コミュニティ—生活の
　場における人間関係の回復』

2 | 都市形成の歴史的展開

玉野和志

《**目標＆ポイント**》 「都市」という地域が歴史的にどのように展開してきた
かについて，特に近代以降のヨーロッパにおける展開を，グローバルに広
がった世界資本主義との関連で理解し，日本をはじめとしたその他の地域に
ついても考察を深めていく。
《**キーワード**》 都市化，郊外化，反都市化，再都市化

1. 都市と都市形成の歴史

（1）「都市」の二面性― city と urban

　本章では都市の歴史的な変遷について考える。都市は一般には一定の
範域に広がっている地域を意味する。しかしながら，歴史を遡ると一概
にはそう言い切れない用例が見られる。たとえば，歴史の教科書の最初
に出てくる四大河文明は都市文明とよばれる。大河のほとりは都市だっ
たのだろうか。さらに，古典古代の時代になるとヨーロッパの場合，都
市国家という言葉が出てくる。都市なのに国家なのだろうか。さらに
ヨーロッパ中世になると，自治都市とか，自由都市という表現が用いら
れる。そもそも都市的という言葉も，必ずしも特定の地域を指して使う
とは限らない。都市化に至っては，都市でないところが都市になるとい
う意味である。

　このように都市という言葉は，ある範囲に広がる地域という実体的な
対象をさすだけでなく，そのような都市に典型的に現れるような，都市

的な何かをさす場合が含まれている。英語では，前者を「city」，後者を「urban」という別の言葉で表現している。都市化は「urbanization」であって「cityization」ではない。ところが，日本語では「都市」と「都市化」になってしまうので，注意が必要である。「city」と「urban」は，もともとラテン語の「civitas」と「urbs」が語源で，その解釈にも諸説あるのだが，とりあえず前者が特別な場所を指すのにたいして，後者はそれを成り立たしめる空間的な道具立てをさしていると解釈しておこう。つまり city はいわゆる実体としての囲われた都市を意味しているのにたいして，そこに現れる都市的なるもの（the urban）が広がっていく空間的な作用の方は，都市化（urbanizaiton）とよばれるのである。本章では，この英語での意味合いを「都市形成」と表現して，特定の都市（the city）が成立するだけではなく，都市的なるもの（the urban）が空間的に形成されていく歴史的な過程に焦点を当ててみたい。

（2）近代以降の都市形成

　ところで，特定の都市よりも都市化が問題にされるようになるのは，実は近代という時代以降のことである。前近代の都市は城壁に囲われていて，都市と都市でない地域ははっきりと区別されていた。この時代には都市でないところが都市になるのは，新しく城壁をもった都市が建設される場合だけであって，都市の範域がその外側に徐々に広がっていくという都市化という現象は存在しなかった。ところが，近代以降，都市は古い城壁を取り壊して，その範囲を拡大するようになる。そうなると，特定の都市よりも都市の形成という意味での都市化が重要になる。本章はこの都市形成の歴史的展開を課題とするので，自ずと近代以降の時代に焦点を絞ることになる。近代という時代は資本主義という社会経済的な制度が支配的になる時代である。したがって，都市形成は世界大

に広がるこの資本主義の変遷と関連することになる。

2. 近代都市の展開―クラッセンの都市サイクル仮説

（1）近代の都市形成―ロンドンとシカゴ

　近代以降の都市化について，まずは具体的なイメージを持ってもらうために，欧米を中心とした歴史的な展開について，その概略を述べてみよう。

　近代の都市化は資本主義が最初に成立したイギリスのロンドンに始まる。産業革命勃興期のロンドンにはエンクロージャー運動によって村落を追い出された人々が都市に流入し，労働者として工場労働に従事するようになる。都市のインナーエリアに工場が集積し，人口が集中する都市化の過程である。ロンドンに最初に現れた近代の都市化はやがて大西洋を渡ってアメリカの都市・シカゴへと飛び火する。そこではヨーロッパから様々な民族が，やはり労働者として流入していった。都心周辺の推移地帯（遷移地帯ともいう）に移民たちが流入し，徐々に郊外へと定着していく姿を，バージェスは同心円状に展開する都市の成長ととらえたのである（Burgess, 1925 = 1972）。このように都市人口がその外縁部へと広がっていく郊外化の傾向は，第二次世界大戦後にはより大規模な形で展開するようになる。都心部と鉄道や高速道路によって結ばれた郊外住宅地が大規模に建設され，高度大衆消費社会が成立する（Rostow, 1960 = 1961；Riesman, 1964 = 1968）。郊外への人口の流出はやがて都心の人口を減少させるほどになり，ドーナツ化現象とよばれるようになる。

（2）都市サイクル仮説

　このような欧米における都市形成の過程を理解するうえで便利なもの

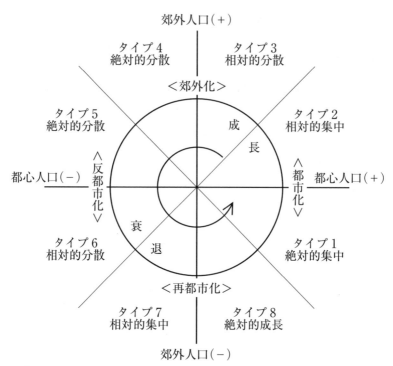

出典：Klaassen, L.H., et al.（1981）より作成。

図表2-1　クラッセンの都市サイクル仮説

に，クラッセンの都市サイクル仮説がある。**図表2-1**に示したのがそ
れで，クラッセンらの研究グループは，この図式を1960年代から70年
代にかけてのヨーロッパの諸都市の盛衰を跡づけたうえで，80年代以
降の展望を語るために提示している（Klaassen et al, 1981）。

　まずは，この図式について説明していこう（玉野編，2020）。クラッ
センはヨーロッパの諸都市を分析するに当たって，都心とその周辺の人
口の推移に注目する。横軸に都市中心部の人口量を示し，縦軸には都市
周辺部の人口量を示している。まず，都市の発展は郊外から都心へと人

口が移動するところから始まる。図の斜め右下の部分である。都市中心
部の人口が増加し，都市周辺部の人口がまだ減少しているタイプ1の段
階である。ここから図式を反時計回りに見ていくことにすると，やがて
人口増は郊外へも広がっていく（タイプ2）。この2つの位相が「都市
化」である。ところが，やがて都心の人口増が鈍化し，郊外の人口が増
加していくタイプ3の段階をへて，都心の人口が減少し，郊外の人口も
停滞するタイプ4の段階へといたる。この2つの段階が都心から郊外へ
と人口が流出する「郊外化」の位相である。ドーナツ化現象とよばれた
ものがそれである。さらに，やがて郊外の人口増も鈍化していき（タイ
プ5），ついには郊外の人口も減少に転じてしまう（タイプ6）。この段
階が郊外も含めて都市全体が衰退する「反都市化（ないし逆都市化）」
の位相である。そして，再び都心の人口が回復しはじめ（タイプ7），
やがて郊外の人口も増加傾向に転ずるのが（タイプ8），「再都市化」の
位相である。

　以上のように，都心と郊外の人口の増減を組み合わせて，都市化，郊
外化，反都市化，再都市化が定義されている。

（3）循環するサイクルなのか？

　しかしながら，これらの過程を円環状の循環的なサイクルと考えてい
いかどうかについては疑問が残る。ここではこのような循環的なサイク
ルと考えた当時のクラッセンらの事情について考えてみよう。

　クラッセンらが実際に分析を行った1970年代のヨーロッパは，石油
ショック以降の経済的な行き詰まりによって，都市が衰退した時期で
あった。つまりクラッセンらにとって分析の対象となった当時のヨー
ロッパの諸都市は，まさに反都市化の過程にあった。つまり，この時点
ではまだ再都市化は現実になっていなかった，再び都心の人口が回復す

る再都市化は，これから期待される，むしろ目標とされるべきもので
あった。クラッセンらの図式がぐるっと一回りするサイクル図式になっ
ているのは，このような事情からであろう。つまり，1981年にこの本
を出版したクラッセンらにとっては，再都市化は政策的な課題であって
現実ではなかった。再都市化を望むがゆえに都市の盛衰を循環的なサイ
クルになぞらえたのである。

　ところが，その後の1980年代以降，ヨーロッパ・アメリカの都市が
実際にジェントリフィケーションなどの都市再開発によって都心部の人
口を回復しはじめたために，がぜんクラッセンらの都市サイクル仮説は
注目されることになった。

　しかし，この都市化，郊外化，反都市化，再都市化は，本当に循環的
なサイクルと考えてよいのだろうか。今後もまた改めて郊外化が起こ
り，やがて反都市化が起こるのだろうか。少なくとも19世紀後半から
起こった近代の都市形成において，それらの過程は循環的なサイクルと
いうよりも，形態の変化であったと考えた方がよさそうである。すなわ
ち，近代になって成立し，世界中に広がった資本主義の歴史的展開と対
応するものであったと考えてはどうだろうか。

　さらにもうひとつ，これはあくまでヨーロッパやアメリカにおける都
市形成に関する議論にすぎない。たとえば，日本の場合は反都市化にあ
たる時期があったのかどうか判然としない。中国や韓国もそうであろ
う。さらにはその他のアジア・アフリカ諸国の場合はどうであろうか。
そんなことも考える必要がある。

3. 世界資本主義の歴史的展開

（1）資本主義のレギュラシオン理論

　さて，近代以降の都市形成の過程を，いくつかの時期に分ける議論と

して有力なものに，資本主義のレギュラシオン理論とよばれるものがある。これはフランスのマルクス主義経済学者たちが唱えたもので，近代以降，資本主義世界経済はその蓄積形態をなんどか転換してきたという議論である。マルクスが明らかにしたように，資本主義は絶えざる資本蓄積を継続していかなければならないという宿命を負っている（Marx, 1867 = 1983）。しかしながら，そのような資本蓄積はやがて行き詰まり，恐慌などの危機をもたらすことになる。資本主義の勃興期にマルクスとエンゲルスは好況と不況を繰り返す経済的な無政府状態の下で，資本家階級と労働者階級が二大階級に分極化することで社会主義革命が起こる（窮乏化仮説）と考えたが（Marx & Engels, 1848 = 2009），実際，一部の地域で社会主義革命が起こり，一時的に資本主義の世界経済から離脱するということは起こったが，やがて中国のように社会主義体制のままで，資本主義の世界経済に再参入して，今ではそれを中心的に担うようにさえなっている。つまり，世界的な規模で広がった資本主義は，マルクスが考えたほど短命ではなかったのである。資本主義世界経済は，その後いくどか訪れた資本蓄積の危機を，さまざまな調整をほどこしながら（レギュレイトしながら），生き延びてきたと考えるのがレギュラシオン理論の特徴である。

　このようなレギュラシオン理論の考え方をふまえて，デヴィット・ハーヴェイという地理学者は，資本主義はこれまで2度にわたる主要な危機の時期をへてきたと述べている（Harvey, 1985 = 1991）。1回目の危機が1929年の世界恐慌で，2回目の危機が1973年の石油ショックである。この2度の危機をはさんで，資本主義世界経済は3つの時期に分けられる。

　世界恐慌までの時期は，マルクスが明らかにした初期資本主義の時代で，欧米諸国が植民地を支配することで，資本蓄積を進めた時期であ

る。欧米諸国による帝国主義的な植民地競争は，第一次世界大戦と第二次世界大戦という悲劇をもたらし，戦後は植民地の独立を認めざるをえなくなる。こうして帝国主義的な資本蓄積は不可能となり，欧米先進国は自国内での資本蓄積を余儀なくされていく。ここに登場したのが，大量生産・大量消費によって先進国の内部で資本蓄積を図ろうとする体制である。この時期はフォーディズムの時代とよばれる。さらに，石油ショックによってこの資本蓄積に陰りが出た時代以降は，ポスト・フォーディズムとよばれるのである。この３つの時期に，それぞれ都市化，郊外化，反都市化ないし再都市化が対応するのである（玉野編，2020）。

（2）帝国主義の下での都市化

18世紀から長い時間をかけて発展したヨーロッパの資本主義は，市民革命や産業革命をへて，やがて帝国主義とよぶべき時期に到達する。それは産業革命によって飛躍的に高まった生産力によって生み出される大量の商品を消費する植民地をヨーロッパ世界の外に求めようとする資本蓄積の形態である。植民地は単なる消費市場ではなく，余剰を投資して新たな資本主義的発展のフロンティアを建設するとともに，豊かな原料とエネルギー資源を調達する場所でもあった。したがってこの時期は鉄道建設や造船，鉄鋼業を中心に戦争や武力行使も辞さない帝国主義的な植民地競争が，資本主義の発展と拡大の基調をなしていた。その中で製造業の大工場が発展の原動力となっていたのである。

したがって，この時期の都市は，大工場の集積にもとづく労働者の集中に，その大きな特徴があった。産業革命期のロンドンがまさにそれであり，少し遅れてシカゴが典型的な産業都市として台頭する。それゆえこの時期の都市研究は，ロンドンとシカゴを中心に展開していく。ロン

ドンではエンゲルスの『イギリスにおける労働者階級の状態』が先駆的な業績であり，続いてブースやラウントリの貧困研究が展開する（Engels, 1845 = 1990；Booth, 1970；Rowutree, 1901 = 1975）。すなわち，帝国主義の下での都市化においては，大工場に引き寄せられた労働者たちの貧困が主要な都市の課題だったのである。したがってロンドンのイーストエンドなどの労働者居住地区が，いわゆる都心近くのインナーエリアとして，都市研究の主たる舞台となったわけである。

　新大陸の都市シカゴにおいても，事情は同じである。シカゴの都心部周辺にも大工場が集積し，都市発展の空間構造を明らかにしたバージェスの同心円地帯論にも，あまり指摘されることはないが，密かに「Factory Zone（工場地帯）」との表記が見られる（Burgess, 1925 = 1972）。ただしここに引き寄せられた労働者の多くはヨーロッパの村落からの移民であったために，ロンドンのような労働者の貧困というよりも，移民の適応と社会解体が都市の課題としてより強く意識された。そのため都心近くのインナーエリアも，工業地帯というよりも，移民がまずそこに流入し，つねに移り変わっていく地域＝推移地帯（Zone of Transition）として概念化されたのである。

　この推移地帯として特徴づけられたインナーエリアは，シカゴ学派の伝統的な都市社会学の主たる舞台となった。それはロンドンの労働者生活研究の主たる舞台がイーストエンドであったことと対応している。こうして帝国主義の時代における典型的な都市としてのロンドンとシカゴにおいては，都市化という形態での都市形成が支配的なものであった。

（3）フォーディズムの下での郊外化

　ところが，欧米諸国による植民地支配が世界中を埋め尽くし，もはや新たな植民地が獲得できなくなった段階に達すると，資本主義を単純に

地理的・空間的に拡張していくことが困難になっていく。植民地競争に
ともなう領土争いに起因する第一次世界大戦をへて，いよいよ余剰の吸
収が不可能になったのが，世界大恐慌の時期である。これ以降，資本主
義世界経済は単純な領土の拡大とは異なる蓄積形態を模索することにな
る。その新たな蓄積形態がフォーディズムとよばれる形態である
（Aglietta, 1976 = 2000）。それは，もはや単純な市場の拡大をその外部
に求めることができなくなった先進国が，国内に新たな市場をつくりだ
そうとした試みである。まず過剰生産で行き場を失った余剰を税金とし
て吸収した国家が，国内の開発を進めるための公共事業に投資すること
で有効需要をつくり出す。いわゆるケインズ政策の実施である。アメリ
カの TVA によるテネシー川流域総合開発が有名であるが，それでも帝
国主義的な植民地競争による第二次世界大戦の勃発を防ぐことはできな
かった。戦後はますます武力による植民地支配が不可能になる中で，資
本主義は新たな蓄積体制を徐々に確立していくことになる。

　それが郊外という新しい都市空間における大量生産と大量消費にもと
づくフォーディズムという発展形態である。フォーディズムとは，ヘン
リー・フォードが編み出したオートメーション＝流れ作業による自動車
の大量生産システムに由来した言葉である。大量生産によってコストを
削減したフォードは，従業員に比較的高い給与を与え，自ら生産した車
を購入できるようにした。先進国の一部の労働者に仕事と十分な賃金を
保証し，ある程度厚みのある中間層を生み出すことで，大量消費を可能
にする。こうして先進国で生産された商品を先進国の内部で消費する経
済的な循環を整えたのである。さらに作り出された余剰は，高速道路の
建設によって車での通勤が可能になる都心からある程度離れた郊外住宅
地の開発へと投資され，こうして成立した郊外の広々とした住宅地は，
大量消費の格好の舞台となる。鉄道に代わって登場した車を中心とする

製造業の発展に支えられて，資本主義世界経済は息を吹き返すのである。

　労働組合に結集した労働者も，経営側からの要請をある程度受け入れることと引き換えに，生産性の向上に見合った賃金の上昇を獲得する。ある程度の可処分所得を手にした中間層や労働者の一部も，ローンやカードを使って大量の商品を消費する習慣（「消費ノルム」）を身につけて，高度大衆消費社会を支えることになる。政府も消費の拡大を狙って失業手当などの福祉政策を充実させる福祉国家の体制へと移行する（Galbraith, 1958 = 2006）。都市のインナーエリアに工場が集積し，都心への労働力の移動を意味した都市化の段階から，消費の場としての郊外住宅地へと人口が流出する郊外化の時代が訪れるのである。

（4）ポスト・フォーディズムの下での反都市化と再都市化

　しかしながら，そのような「資本主義の黄金時代」も長くは続かなかった。1973 年に第四次中東戦争が勃発し，産油国が原油価格の引き上げと生産削減を決定したとき，資本主義世界経済は大恐慌に次いで石油ショックという 2 度目の危機を迎えることになる。ケインズ政策にもとづく大量生産・大量消費というフォーディズムの蓄積体制と，これを支える福祉国家の体制が崩れていく。一方では標準化・規格化された製品への需要が頭打ちになるにつれて多品種・少量生産が求められるようになり，他方では財政危機によって福祉国家の維持が困難となる。日本をはじめとした新興諸国の台頭によって，賃金が上昇してしまった先進国ではもはや製造業が成り立たなくなり，多国籍企業は生産拠点を海外に移すことになる。その結果が，ヨーロッパの諸都市から製造業の大工場が姿を消し，人口が軒並み減少するという反都市化の現象だったのである。そのような多国籍企業の生産拠点の移動にともなって進んだ新国

際分業によるグローバル化の進展は，もはや一国単位のケインズ政策の有効性を失わせることになる。こうしてフォーディズムに代わる新しい蓄積形態が模索されることになる。

　しばらくは，そのような新しい蓄積形態の明確な特徴づけが確定できなかったために，単にフォーディズム以降という意味で，ポスト・フォーディズムとよばれてきたが，現在ではすでにそのいくつかの特徴が明らかになっている（Hervey, 1990 ＝ 2022）。ひとつはそれがフレキシブルな蓄積という性質をもつことである。フレキシブルとは融通がきくとか，柔軟なという意味である。規格化された製品をただ生真面目に大量生産したり，決められた労働協約にもとづいて定時で帰宅する正規雇用形態のリジットさとは異なり，融通無碍に生産や労働を調整して蓄積を図るという意味合いをもっている。よく言えば，高度な知識や工夫によってたえず新しい商品を生み出す創造性が発揮しやすい環境を意味するが，悪く言えば，非正規の雇用を柔軟に活用することで資本の蓄積を図るということを意味する。また同時に，金融やハイテクなどの知識基盤型産業が中心になるとか，情報サービス産業を中心とするといった特徴もよく指摘される（Jessop, 2002 ＝ 2005）。

　いずれにせよ，ポスト・フォーディズムの新しい蓄積体制を模索する過程であらわになった資本主義のさらなるグローバル化が，都市にもたらした影響は明らかであった。多国籍企業の生産部門が安価な労働力を求めて途上国に進出することで，ヨーロッパの都市が軒並み人口を減らす反都市化の過程が進行したことについては，すでに述べておいた。先進国の主要都市からは製造業の現業部門が姿を消すことで，荒廃したインナーエリアにはやがてこれに代わって中枢管理機能に特化した会計，投資，金融，広告，経営コンサルタントなどの専門的な生産者サービス業が集積するようになる。同時にホテル，飲食店，小売業，警備，ビル

メンテナンスなどの単純サービス業も増大し，これらの労働市場には移民が流入することになる。これがニューヨークやロンドンにおける世界都市の成立であり，世界都市化の進行である（Sassen, 1991 = 2018）。この過程で工場の跡地や従来までは労働者や移民の居住地であったインナーエリアへの投資が再開され，都心部の景観が一変するジェントリフィケーションとよばれる大規模な都市再開発事業が進行するようになる（Smith, 1996 = 2014）。これにともなって都心部の人口が回復するというのが，再都市化の過程なのである。

4. グローバルな都市形成—ヨーロッパ中心主義を超えて

（1）ヨーロッパ中心主義の相対化

しかしながら，以上のような都市形成の歴史的展開は，資本主義世界経済の蓄積過程をあくまで欧米先進国の側から見た過程に過ぎない。その裏側には，そのような欧米諸国を支えた植民地の側での，それとは異なった都市形成の過程が厳存している。近年では，欧米の研究者の間でも，このようなヨーロッパ中心主義を改めて，第三世界の旧植民地（グローバル・サウス）の側から見た都市と都市化に注目すべきであるとするポストコロニアリズムの都市研究がさかんになっている（Robinson, 2006, 2022；Roy, 2016）。

（2）グローバル・サウスにおける都市形成

帝国主義的な段階においては，工場などの生産拠点は先進国の都市に位置し，途上国は原料等の供給地であると同時に，有り余る製品を消費するための市場であり，それを継続的に可能にする開発の対象であった。したがってこの時期の途上国の都市は生産の拠点ではなく，先進国による植民地支配の拠点であり，工場が立地し充分な仕事があるわけで

もないのに人口が集中する過剰都市化や第一位の都市が第二位の都市に比べて著しく大きくなるプライメイト・シティ（首位都市）という現象が起こっていた（佐藤，2020）。

　同様に，フォーディズム以降の時期になると，規格化された大量生産のために単純労働を必要とするプラントが徐々に途上国に移転されるようになる。途上国にもようやく生産の拠点が生まれるが，それらはすべて先進国への輸出用の工場であり，大量消費をもたらす国内市場の拡大や郊外化を実現するものではない。ところがポスト・フォーディズムの時代になると，先進国の都市は世界都市として金融サービス業などの中枢管理機能に特化するようになり，生産拠点はほぼ全面的に途上国に移されるようになる。同時に，途上国における中間層の成長にもとづき，消費社会化が実現するようになり，ようやく途上国都市の郊外化が進行するようになる。

　以上のようなグローバル・ノースとグローバル・サウスとの関係を整理したのが，**図表2-2**である（玉野，2018）。

（3）日本における都市形成

　ところで，このようなグローバル・ノースとグローバル・サウスのはざまにあって，日本の都市形成はどのように位置づけられるのだろうか（玉野，2018）。

　16世紀以降のヨーロッパ列強による植民地獲得競争が，いよいよ地球を一回りして，極東の地に達したとき，日本もまた植民地化の危機に直面した。その危機感を背景に成し遂げられた明治維新をへて成立した明治政府は，積極的に欧米先進国の技術を取り入れ，富国強兵・殖産興業を図ることで植民地化を免れることができた。しばらくは村落の生産力に頼らざるをえなかったので，都市形成という点では見るべきものが

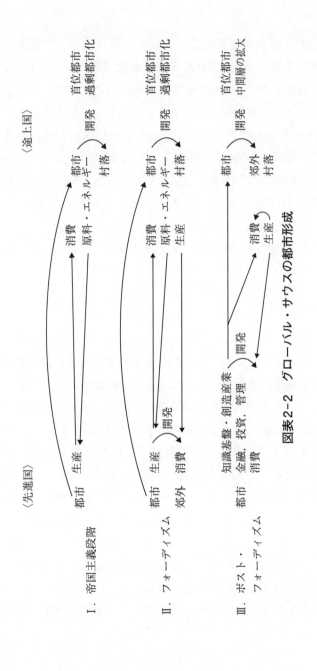

図表2-2　グローバル・サウスの都市形成

なかったが，19世紀後半になると，軽工業に代わって鉄鋼や造船など
の重工業が発達し，帝国主義段階の都市化が見られるようになる。大正
期には労働者層だけでなく俸給生活者層も含めた都市への人口集中が始
まり，ロンドンやシカゴと同じような都市形成が見られた。ところが，
日本は1929年の危機をケインズ主義と福祉国家の方向に回避すること
はできず，帝国主義的な侵略戦争によって他国の植民地を奪うために，
ファシズム体制に移行することになる。こうして郊外化への進展は頓挫
し，戦時中の疎開によって都市化すらも停止ないし逆行することに
なる。

　戦後復興をへて高度経済成長を実現すると，改めて急激な都市化が進
行する。ところが，この都市化が郊外化へと展開していく最中に，資本
主義世界経済の2度目の危機である石油ショックが訪れることになる。
日本経済も欧米先進国と同様に大きな打撃を受けるが，後発の利点とま
だ人件費が上がっていない点を生かして，日本の製造業はさらなる輸出
攻勢をかけることになる。このことが先進国の製造業に打撃を与え，欧
米における反都市化をもたらすことになる。他方，国内ではケインズ政
策にもとづく公共事業による地域開発を進め，本格的な郊外化と消費社
会化を進めていく。こうして日本の都市は1990年代に入ってバブル経
済が崩壊するまで，製造業の衰退による反都市化を経験することはな
かったのである。1990年代以降，今度は韓国，中国の台頭によって日
本の製造業が苦境に立たされるようになると，情報サービス業など知識
基盤型産業への転換が求められると同時に，郊外開発に代わって都心部
の再開発がさかんとなり，バブル期の地価高騰からの揺り戻しもあっ
て，都心への人口の回帰が見られるようになる。日本の場合これがあた
かも再都市化のように見えるのである。

　以上の大まかな記述からもわかる通り，日本における都市形成の経緯

はグローバル・ノースとも，グローバル・サウスとも異なっている。この点で，日本の都市研究は，ポストコロニアルな時代におけるヨーロッパ中心主義を相対化する上で，戦略的に優位な位置にあると言ってよいのかもしれない。

1. 都市形成の諸過程（都市化，郊外化，反都市化，再都市化）と資本主義世界経済の諸形態（帝国主義，フォーディズム，ポスト・フォーディズム）との対応関係を表にまとめてみよう。
2. ヨーロッパ，途上国，日本，それぞれの都市形成の過程を表にまとめてみよう。

参考文献

Aglietta, Michel (1976) *Régulation et crises du capitalisme : l'expérience desÉtats-Unis*, Paris : Calmann-Lévy. 〈＝若森章孝他訳（2000）『資本主義のレギュラシオン理論——政治経済学の革新　増補新版』大村書店〉

Burgess, Ernest W., (1925) "The Growth of the City : An Introduction to a Research Project", Park, Robert.E.and Burgess, Ernest W. & McKenzie, Roderick D. (eds.), *The City : Suggestions for Investigation of Human Behavior in the Urban Environment*, Chicago : University of Chicago Press. 〈＝大道安次郎・倉田和四生訳（1972）「都市の発展——調査計画序論」『都市——人間生態学とコミュニティ論』鹿島出版会：49-64〉

Booth, Charles (1970) *Life and Labour of the People in London, First Series: Poverty v.1* , New York : AMS Press, Inc.

Engels, Friedrich (1845) *Die Lage der arbeitenden Klasse in England : nach eigner Anschauung und authentischen Quellen*, Leipzig : Otto Wigand. 〈＝一條和生，杉山忠平訳（1990）『イギリスにおける労働者階級の状態：19世紀のロンドンとマンチェスター』岩波文庫〉

Galbraith, John K. (1958) *The Affluent Society*, New York : New American Library. 〈＝鈴木哲太郎訳（2006）『ゆたかな社会　決定版』岩波現代文庫〉

Harvey, David (1985) *The Urbanization of Capital : Studies in the History and Theory of Capitalist Urbanization*, Oxford : Basil Blackwell. 〈＝水岡不二雄監訳（1991）『都市の資本論』青木書店〉

Harvey, David (1990) *The Condition of Postmodernity*, Oxford : Basil Blackwell. 〈＝吉原直樹監訳（2022）『ポストモダニティの条件』ちくま学芸文庫〉

Jessop, Bob (2002) *The Future of the Capitalist State*, Cambridge : Polity Press. 〈＝中谷義和監訳（2005）『資本主義国家の未来』御茶の水書房〉

Klaassen, L.H., Bourdrez, J.A.and Volmuller, J. (1981) *Transport and Reurbanization*, Aldershot : Gower Publishing Ltd.

Marx, Karl (1867) *Das Kapital*. 〈岡崎次郎訳（1983）『資本論』大月書店〉

Marx, Karl & Engels, Friedrich, 1848, *Das Kommunistische Manifest*. 〈＝村田陽一訳〈2009〉『共産党宣言』大月書店〉.

Riesman, David（1964）*Abundance for What? : and Other Essays*, London : Chatto.〈＝加藤秀俊訳（1968）『何のための豊かさ』みすず書房〉

Rowntree, Benjamin（1901）*Poverty : A Study of Town Life*, New York : Macmillan and Co.〈＝長沼弘毅訳（1975）『貧乏研究』千城〉

Robinson, Jennifer（2006）*Ordinary Cities : Between Modernity and Development*, New York : Routledge

Robinson, Jennifer（2022）*Comparative Urbanism : Tactics for Global Urban Studies*, Oxford : Wiley

Rostow, Walt W.（1960）*The Stages of Economic Growth : a non-Communist Manifesto*, London : Cambridge University Press.〈＝木村健康他訳（1961）『経済成長の諸段階』ダイヤモンド社〉

Roy, Ananya（2016）"Who's Afraid of Postcolonial Theory", *International Journal of Urban and Regional Research*, 40（1）: 200-209.

Sassen, Saskia（1991）*The Global City : New York, London, Tokyo*, Princeton : Princeton University Press.（＝ 2001 Second Edition）.〈＝伊豫谷登士翁監訳（2018）『グローバル・シティ——ニューヨーク・ロンドン・東京から世界を読む』ちくま学芸文庫〉

Smith, Neil（1996）*The New Urban Frontier : Gentrification and the Revanchist City*, London : Routledge.（＝原口剛訳（2014）『ジェントリフィケーションと報復都市——新たなる都市のフロンティア』ミネルヴァ書房）

佐藤裕（2020）「途上国の都市化と経済成長」玉野和志編『都市社会学を学ぶ人のために』世界思想社：146-160

玉野和志（2018）「日本の都市社会形成の経緯」森岡清志・北川由紀彦編『都市社会構造論』放送大学教育振興会：118-129

玉野和志編（2020）『都市社会学を学ぶ人のために』世界思想社

3 | 都市化という問題
―シカゴ学派と社会調査

北川由紀彦

《目標＆ポイント》　都市についての社会学的研究が実質的に打ち立てられた
のは，20世紀初めのシカゴ大学においてであり，そこに集った人々はシカゴ
学派と呼ばれた。中でも指導的な立場にあった人物の一人であるR. E. パー
クは，「実験室としての都市」という考え方を提唱するとともに，都市が人
間に与える影響を科学的に明らかにすることの重要性を指摘した。また，
パークは，都市を対象とした社会調査の手法として，参与観察という手法の
重要性もまた指摘した。シカゴ学派の人々は，統計的な調査に加え参与観察
という手法をも駆使して，都市の内部で繰り広げられている様々な社会的世
界の実態を記述した都市エスノグラフィーを生み出していった。
《キーワード》　都市化，都市エスノグラフィー，シカゴ学派，人口の異質性

1. シカゴという都市

　都市についての社会学的研究が実質的に打ち立てられたのは，20世
紀初めのアメリカの大都市の一つであるシカゴでのことである。シカゴ
市は，北米の五大湖の一つであるミシガン湖のほとりに位置し，
2020年の国勢調査結果でも，ニューヨーク，ロスアンジェルスに次い
でアメリカ国内で第3位の人口を誇る都市である。1840年には人口
4000人程の田舎町であったが，アメリカ中西部の開拓が進むにつれ，
精肉産業や鉄鋼業をはじめとする工業の立地・発展によって，その人口
は，1870年に約29万人，1890年には約109万人，1910年には約
218万人と，急速に増加していった。

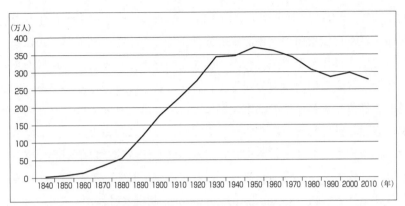

出典：アメリカ合衆国国勢調査結果をもとに北川作成。元となったデータ（国勢調査結果）については Gibson（1998）に掲載のものを使用した。

図表3-1　シカゴ市の人口推移

　単に人口が急増しただけではない。こうした人口増加の大部分を占めたのは，都市内部での人口再生産＝自然増加によるものではなく，市外さらには国外からの移民の流入＝社会増加によるものであり，人口内部の人種や民族の多様性も増大していった。さらに，こうした人口の増加・多様化の過程は，工業化（産業化）の過程をも伴いながら，その内部に様々な負の影響をももたらしていった。貧富の格差の拡大，汚職，少年非行や犯罪の増加などである。テレビドラマや映画『アンタッチャブル（The Untouchables)』の題材にもなったギャングの大物アル・カポネが「活躍」したのも，1920年代のシカゴであった。こうした時代状況のもと，1890年に設立されたシカゴ大学では，都市を対象とした様々な研究が展開され，それに従事した人々はのちにシカゴ学派と呼ばれるようになった[1]。

　このシカゴ学派の第一世代とのちに位置づけられることになるトマス（Thomas, W. I.）は，ポーランドの社会学者ズナニエツキ（Znaniecki,

---

1) なお，経済学にも「シカゴ学派」と呼ばれる流派があるが，本章でいう「シカゴ学派」は，20世紀前半にシカゴ大学を拠点として都市研究に携わった人々のことを指す。

F. W.）とともに，ポーランドの村落からアメリカの都市へ移住した農民の手紙や自伝などの文書記録の分析を行った。その結果明らかになったことは，移住した農民たちが，移住先の都市で様々な国・地域からの移住者と接する中で，自分が生まれ育った農村では当たり前であった伝統的な価値や規範が他の都市住民にとっては当たり前ではないという事実に直面し動揺しているという事実であった。この事実から，トマスらは，都市においては，村落においてみられた伝統的な規制がその成員に十分な影響力を与え得なくなっている状態が生じていると考え，こうした状態を社会解体（social disorganization）状況と呼んだ。そしてまた，先に挙げたシカゴにおける様々な社会問題の増加は，そのような社会解体状況の産物であると考えられた。当時のシカゴの状況についてのこうした認識の下で，シカゴ大学において都市を対象とした研究が展開されていった。そこにおいて指導的な役割を果たした人物の一人に，パーク（Park, R. E.）がいる。

2. 社会的実験室としての都市

　パークの経歴は当時の研究者としてはやや異色である。彼は，大学卒業後，新聞記者として米国内を数年間渡り歩いたのち，大学へ再入学し哲学と心理学を学ぶ（このとき，ドイツのベルリン大学にも留学しており，ジンメル（Simmel, G.）から社会学を学んだとされる）。ドイツから帰国後は，約10年間，米国南部の黒人差別問題への取り組みに関わったのち，1914年からシカゴ大学で教鞭をとることになった。

　当時の社会学は，学問としては社会改良運動などの社会福祉的な実践と未分化なものであった（Abbott, 1999 = 2011：117）。こうした学問状況下にあって，パークは，社会学的研究は，「こうあるべし」といった価値や理念からはいったん切り離された，科学的で客観的なものであ

図表3-2　R. E. パーク

るべきである，ということを明確に主張した。言い換えれば，社会をよりよいものにすることを企図して行われる社会的・政策的な実践と，社会についての科学的な認識に基づく知識探求の営み＝研究とは区別されるべきであり，適切な実践のためには科学的な認識が不可欠である，ということである。パークは，1921年に同僚のバージェス（Burgess, W.）とともに『科学としての社会学入門（Introduction to the Science of Sociology）』という社会学の教科書を著し，これは広く読まれることになったが，「科学」という語をわざわざ書名に掲げていることにも，当時まだ学問としてあいまいな位置づけであった社会学を科学的な学問として明確に打ち立てようという姿勢が表れている。

　さて，こうした科学主義的立場に立ったパークは，都市を対象とした社会学的研究を推し進めるにあたり，「社会的実験室（social laboratory）としての都市」という考え方を提唱した。パークによれば，都市は2つの意味においてそれ自体が実験室であるという。

　1点目は，都市という環境自体が，人間による創造——世界の改造——の産物であり，また，都市を創造し改変し維持・進歩させようとする営みそれ自体が，人類にとっての実験である，という意味においてである。

　2点目の意味は，「人間の本性」（human nature「人間的自然」という訳語があてられることもある）はどのようなかたちをとって現出するの

44

か，というパークの人間観に関わる。ここでパークがいうところの「人間の本性」というのは，他の動物からは区別されるような人間に固有の性質のことを指す。では，人間に固有の性質とは何か。パークによればそれは，人間の意識や行動は遺伝や本能によっては決定され得ず，人間が暮らす環境と人間との相互作用によって影響を受ける，という点である[2]。さらに，都市という環境下においては，村落にみられたような伝統的な規制の個人への影響力は弱まっている。そのため，都市で暮らす個人の意識や行動は，村落におけるそれよりも多様化し，また，個性も進展する。「都市の自由の中では，どんなに風変わりであろうとあらゆる個人が，各自の個性を伸ばしてそれを何らかの形で表現できる環境を，どこかで見つけ出す」(Park, 1929 = 1986：34-35)。伝統的規制から解放されることで都市において発現する人間の多様なありよう，さらにはそうした多様な諸個人が他者と社会関係を取り結び作り出している社会的な秩序，それらを観察し理解するうえで，都市という環境はうってつけの環境である，というのが，「実験室としての都市」という考え方の2つ目の意味である。

　都市という環境が人間の生活や意識や行動などに与える影響を明らかにしようと考えた場合，実験という方法が考えられる。多数の生まれたばかりの双子を被験者として集めて隔離し，双子のうちの一方は都市で育て，もう一方は都市的でない集落，例えば農村などで，それぞれそれ以外の条件は同じにして育て，都市で育ったグループとそうでないグループとの間に意識や態度，生活の仕方などにおいてどのような違いが生じるのかをつぶさに観察し，データを集め，比較するのである……とはいえ，そのような実験は倫理的に問題があるし，統制すべき条件も多岐にわたるため，実際に行うことはほとんど不可能である。しかしながら，すでに存在する都市という空間自体を実験室であると考えることは

2）こうした点が人間という種に固有の特徴であるのかどうかは，現代の生物学の研究水準からすれば議論の余地があるところであろうが，ここではその点については問わない。

可能であり，そのように考えた上で，都市やその内部の小地区における
個人や集団の有り様についてデータを収集し，他方でその都市や小地区
のおかれた諸条件を把握し，両者の関係を分析し解明することはでき
る。そしてこのことによって，都市が人間に及ぼす影響がいかなるもの
であるかについての科学的な理解に達することができるようになる——
そのようにパークは考えたのである。

3. 「ズボンの尻を汚せ」

　そのような立場から，パークは，シカゴという都市において起こって
いる様々な社会現象や，都市内部で人々が織り成している様々な社会的
世界についての調査研究を学生たちに奨励していった。当時，パークが
学生たちを指導する際に「ズボンの尻を汚せ」と述べたという逸話があ
る。これは，都市の諸現象を解明しようとする者は，図書館で既存の
データ（二次データ）を読むだけでなく，実際にその現象が起きている
現場に足を運び，街頭に腰を下ろし，現地の人々を観察したり話を聞い
たりして，自分で生のデータ（一次データ）を集めよ，という意味であ
る。そしてまた，一次データの収集に関してパークがその有用性を指摘
したのが，参与観察（participant observation）という手法であった。

　参与観察とは，調査者が調査対象となる集団や組織，地域の一員と
なって生活をともにしながら観察や聞取りを行い多面的なデータを収集
するという調査手法である。当時，参与観察は，もっぱら人類学におい
て「未開社会」を対象とした調査のために用いられていた手法であった
が，パークは，こうした調査手法は，人類学が対象としていた「未開社
会」についてのみならず，社会学が対象とする「文明社会」の都市の中
に存在する様々な小世界についての調査にも有用であると考えたのであ
る[3]。これは，「未開社会」についてその社会の成員でない人々がほと

んど無知であるのと同様に,「文明社会」の都市に暮らす人間も, その内部で展開されている小世界のうち自分が所属していないものについては無知である, という認識に基づいている。冒頭で述べたように急速に人口が増加したシカゴという都市では, その内部に様々な特色を持った地区（高級住宅地やスラム街, ユダヤ人街やイタリア系移民街等）が形作られていた。そうした地区は, 法や制度によってそのように決められたわけではないにもかかわらず様々な人々が流入し生活を営む過程でそれぞれに特色をもった地区として「自然に」形作られた——これをパークは「自然地域」(natural area) と呼んだ——ものであり, そうした様々な地区の実態——そこにはどのような人々が集まり, どのように暮らし, どのような集団や組織を形成しているのか等——は, 実際に調べてみなければわからないという認識——知的な謙虚さと呼んでもよいだろう——をパークは持っていたのである。

そして, パークからこうした示唆を受けた学生たちは, シカゴという都市をモザイクのように構成する様々な小世界について調査を行い, その結果を, 多面的な角度から明らかにした調査報告書——エスノグラフィー（民族誌とも訳される。モノグラフともいう）にまとめあげていった。

4. 都市エスノグラフィーが描く小世界

シカゴ学派の人々が発表した都市エスノグラフィーは, その対象も考察の焦点もヴァリエーションに富んでいる。例えばアンダーソン(Anderson, N.) は,『ホーボー』というエスノグラフィーをまとめている。ホーボーとは, 定まった住居を持たずにアメリカ中を放浪する渡り労働者のことであり, その中には現在でいう「ホームレス」の人々も含

---

3) 人類学は「未開社会」を対象とした学問であり, 社会学は「文明社会」を対象とした学問である, という素朴な二分法的な発想自体は現在では否定されている。また, 非西欧文化圏を「未開社会」として西欧文化圏よりも「遅れた/劣った」社会とみなす発想も現在では否定されている。

まれる。アンダーソンは，当時シカゴの街中にあった「ホボヘミア」と呼ばれるホーボーたちの集中地区に日参して観察や聞取りを行い，外部からは「ホーボー」と一括される人々の中にはどのような人々が含まれているのか，また，彼らがどのような所を仮の住まいとし，どのように働き，どのような周期で放浪し，また，どのような人間関係を築き，どのような規範や価値意識を持っているのか，といったことを多面的に明らかにしている。

　また，ゾーボー（Zorbaugh, H. W.）は，『ゴールド・コーストとスラム』というエスノグラフィーを著している。「ゴールド・コースト」というのは，シカゴの中でもミシガン湖沿いに位置する超高級住宅街であり，そこから1マイルも離れていない場所には，貧困層が集中する「スラム」が存在し，また，その周辺には歓楽街や，イタリアのシチリア島出身者の集住地区なども存在していた。ゾーボーは，都市内部のこうした対照的な地区を採り上げ，それらの地区がどのような社会的特徴を持ち，また，それらがどのような関係にあるのかについて，既存の様々な調査結果やゾーボー自身による聞取りデータなどをもとに考察している。ゾーボーによれば，ゴールド・コーストとスラムの住民の経済的格差は大きく，その生活様式も全く異なっている。しかしながら，両者には関係が全くないわけではない。ゴールド・コーストの住民は，事業や学問や芸術において富や名声を勝ちとった人々であり，「社交界」と呼ばれるようないわゆる上流社会を構成する人々である。彼／彼女らが日々心を砕いているのは，社交界においてひとかどの人物として認められることである。しかしながら，社交界は，金持ちであることや家柄がよいということだけで認められるほど甘くはない。そこで，上流階級の人々は，より高度なマナーやエチケット，教養などを身につけるとともに，手紙を送り合いまた舞踏会や晩餐会を企画し招待し合う中で，自身

の品性を誇示しあう「社交ゲーム」に参加する。その一方で，こうした
人々は，しばしば，貧困地区の改良運動や慈善事業に寄付をしたり，自
らそうした団体を設立したりもする。そうした行為は，社交界において
認められるための手段として行われる場合もあるが，自分たちの富や教
養が「恵まれない人々」の犠牲の上に成り立っているから何らかのお返
しをしなければならない，という義務感に突き動かされて行われる場合
もある。そしてまた，上流階級の人々の寄付や支援があるからこそ，慈
善事業等が成立し得ているということもゾーボーは指摘する。隣り合っ

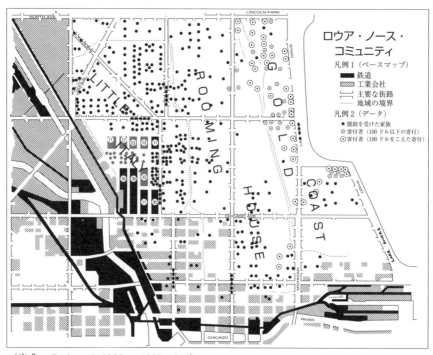

（出典：Zorbaugh 1929 = 1998：201）

図表3-3　貧困と慈善事業[4]

4）地図の右側のゴールドコースト（Gold Coast）地区に慈善事業への寄付者が集中
し，左側のスラム的な地区（地図上の表記は Rooming House や Little Italy）に慈善
事業による援助を受けた家族が集中していることが読み取れる。

ていながらも生活水準には天と地ほどの差があり，住民間の接触がほとんどなく分断されているかのように見える両地区の間にも，実は社会的なつながりがあるのだ，ということをゾーボーは指摘しているのである。

　シカゴ学派による都市エスノグラフィーとしてはこの他にも，非行少年であった一人の青年スタンレーの自伝や更生過程の分析などを通して非行行為の原因や非行少年の社会的な形成過程などに迫る『ジャックローラー』や，シカゴ内のユダヤ人集住地区の歴史と形成過程，ユダヤ人の居住移動のメカニズム等について考察した『ゲットー』，当時売買春の交渉の場ともなっていたダンスホールに集う人々の社会関係を考察した『タクシー・ダンスホール』や，ギャング集団の生成メカニズムに迫った『ギャング』，家具などが備え付けられた居住用のホテルで暮らす人々の生活と意識を描いた『ホテル・ライフ』などが挙げられる。

　このように，シカゴ学派は，都市を構成する様々な特徴ある地域や小世界——その多くは当時のシカゴにおいて「逸脱」した集団や「病理的」な地域とカテゴライズされるようなものであった——を調査研究の対象としていった[5]。その分析や記述のスタイルは，各人の問題関心の重点や対象の特性にも左右され，必ずしも一様ではない。しかしながら，研究者たちが自らの手と足と目と耳で集めたシカゴという都市についての膨大なデータは，都市エスノグラフィーとしてまとめられて発表されたもの以外のものも含め，データ・アーカイブとして大学に集積されていった。そうして蓄積された膨大なデータの利活用によって，都市についての様々な理論や仮説が帰納的に導きだされていったのである。

---

5) ただし，そこにおおむね共通しているのは，調査対象となった地域や集団を「病理」や「逸脱」として外から断罪して悦に入ったり上から一方的な憐れみの対象と見たりするのではなく，調査者＝研究者の価値判断をいったんカッコにくくったうえで，調査対象となる個人や集団・小世界についての事実を虚心に収集しそれを理解しようとする態度であった。こうした態度は，現在においても，社会調査において調査者に求められる基本的な態度とされている。

1．パークが都市を「社会的実験室」と述べたことの意味を自分の言葉で
簡潔にまとめてみよう。

2．近年は日本でも様々なエスノグラフィーが出版されるようになってき
ている。図書館の OPAC や書店の web サイトなどで「エスノグラ
フィー」をキーワードに検索をかけてみて，どのような対象やテーマ
についてのエスノグラフィーが書かれているのか調べてみよう。

参考文献

Abbott, Andrew（1999）*Department and Discipline : Chicago Sociology at One Hundred*, Chicago : University of Chicago Press.〈＝松本康・任雪飛訳（2011）『社会学科と社会学―シカゴ社会学百年の真相』ハーベスト社〉

Anderson, Nels（1923）*The Hobo : The Sociology of Homeless Men*, Chicago : University of Chicago Press.〈＝広田康生訳（1999・2000）『ホーボー―ホームレスの人たちの社会学』（上・下巻）ハーベスト社〉

Cressey, Paul Goalby（1932）*The Taxi-Dance Hall : A Sociological Study in Commercialized Recreation and City Life*, Chicago : University of Chicago Press.〈＝桑原司・石沢真貴・寺岡伸悟・高橋早苗・奥田憲昭・和泉浩訳（2017）『タクシーダンス・ホール―商業的娯楽と都市生活に関する社会学的研究』ハーベスト社〉

Faris, Robert E.L.（1967）*Chicago Sociology 1920-1932*, Chandler Publishing Company.〈＝奥田道大・広田康生訳（1990）『シカゴ・ソシオロジー 1920-1932』ハーベスト社〉

Gibson, Campbell（1998）"Cities and Other Urban Places in The United States : 1790 to 1990（Working Paper Number POP-WP027）", (https://www.census.gov/library/working-papers/1998/demo/POP-twps0027.html, 2023 年 1 月 27 日最終確認)

Hayner, Norman S.（1936）*Hotel Life*, North Carolina : University of North Carolina Press.〈＝田嶋淳子訳（1997）『ホテル・ライフ』ハーベスト社〉

Park, Robert E.（1929）"The City as Social Laboratory", Smith T.D. & White, L.D.（eds.）, *Chicago：An Experiment in Social Science Research*, Chicago：University of Chicago Press：1-19.〈＝町村敬志訳（1986）「実験室としての都市」町村敬志・好井裕明編訳『実験室としての都市—パーク都市社会学論文選』お茶の水書房：11-35.〉

Park, Robert E.& Burgess, Ernest W.（1921）*Introduction to the Science of Sociology*, Chicago：University of Chicago Press.

Shaw, Clifford R.（1930）*The Jack-Roller：A Delinquent Boy's Own Story*, Chicago：University of Chicago Press.〈＝玉井眞理子・池田寛訳（1998）『ジャック・ローラー—ある非行少年自身の物語』東洋館出版社〉

Thrasher, Frederic M.（1929）*The Gang：A Study of 1,313 Gangs in Chicago*, Chicago：University of Chicago Press.

Wirth, Louis（1928）*The Ghetto*, Chicago：University of Chicago Press.〈＝今野敏彦訳（1993）『ユダヤ人問題の原型・ゲットー』明石書店〉

Zorbaugh, Harvey Warren（1929）*The Gold Coast and the Slum：a Sociological Study of Chicago's Near North side*, Chicago：University of Chicago Press.〈＝吉原直樹・桑原司・奥田憲昭・高橋早苗訳（1997）『ゴールドコーストとスラム』ハーベスト社〉

4 | 都市化と家族の変容

原田　謙

《目標＆ポイント》　戦後日本の都市化にともない，家族の構成と機能はどのように変化したのだろうか。まず，世帯構成の変化を確認し，核家族化，小家族化と呼ばれる動向を理解する。そして郊外化や再都市化といった都市の発展段階にともなう家族ライフスタイルの変容について説明する。さらに，近年の都市空間における家族の個人化，多様化と呼ばれる現象について考える。

《キーワード》　未婚化，単独世帯，家族の個人化，家族の多様化，ライフスタイル

1. 家族の構成と規模の変化

（1）世帯構成の変化

　家族の構成（かたち）は，どのように変化しているのだろうか。まず，国勢調査の集計結果から，日本全国の世帯構成の変化を確認していきたい。

　よく「戦後日本において核家族化が進んだ」という言い方がされる。たしかに世帯構成の割合別にみると（**図表4-1**），祖父母と息子夫婦そして孫が同居している三世代世帯を含む「その他の親族世帯」は，1960年には30.5％を占めていたが，現在では1割にも満たない。一方で，「夫婦のみ」からなる世帯は，今日まで一貫して増加している。しかし，「核家族」という言葉の響きから一番思い浮かべやすい，父親と母親がいて未婚の子供がいるという「夫婦と子ども」からなる世帯は，

1980年の42.1％をピークに，それ以降減少している。また，ひとり親
世帯，とくに「女親と子ども」からなる世帯は，2020年では7.7％を占
めており，微増傾向にある。

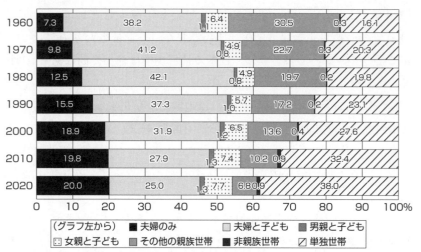

「国勢調査」の一般世帯の割合の変化を表示。
出典）国立社会保障・人口問題研究所「人口統計資料集（2022年）」より筆者作成。

図表4-1　世帯構成の変化

　このように見てくると，1980年代以降の家族の変化を示すのは，核
家族化というよりも単独世帯化と呼ぶべき現象である。実際に「単独世
帯」，つまりひとりで暮らしている世帯は，1980年には19.8％であった
が，2020年には38.0％に達しており，その伸びが顕著であることがわ
かる。日本は，2010年には「単独世帯」の方が「夫婦と子ども」から
なる世帯よりも多い時代に突入していたのである。

54

（2）小家族化

　こうした生活単位の個人化と呼ぶべき側面は，世帯規模の変化に関するデータからも確認することができる。国勢調査の集計結果から，一般世帯の一世帯当たり人員の推移をみると，1960 年の 4.14 人から，1980 年の 3.22 人，2000 年の 2.67 人と徐々に減少している。そして2020 年の一般世帯数は 5,570 万世帯であり，一世帯当たり人員は 2.21人になっている。このように，日本の世帯規模は縮小傾向にあり，「小家族化」が進んでいる。

　しかし，この世帯規模の大きさには地域差が存在する。一般世帯の一世帯当たり人員を都道府県別にみると（**図表 4-2**），山形県が 2.61 人と最も多く，次いで福井県（2.57 人）となっている。一方，一般世帯の一世帯当たり人員が最も少ないのは，東京都の 1.92 人で，次いで北海道（2.04 人）となっている。

　こうした世帯構成や規模の地域差を考えるにあたって，福武直（1949）が戦後直後に提示した「同族（東北）型農村」と「講組（西南）型農村」の類型をふまえておきたい。日本の家と家の結びつき（家連合）には 2 つある。ひとつは，先祖を同じくする本家・分家関係といったタテの結びつきを示す「同族結合」である。もうひとつは，宗教的・経済的目的を達成するための集団としての講や冠婚葬祭等の互助機能を果たすことを目的とする地縁的組織としての組など，お互い対等な横の結びつきを示す「講組結合」である。そして，大まかな分布として，同族型農村は東北地方に広くみられ，講組型農村は西南地方に広くみられるという地域差が示されたのである。

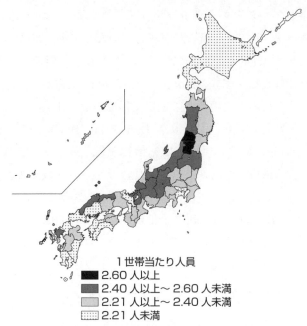

1世帯当たり人員
■ 2.60 人以上
■ 2.40 人以上〜 2.60 人未満
□ 2.21 人以上〜 2.40 人未満
⋯ 2.21 人未満

出典）令和 2 年国勢調査　人口等基本集計結果　結果の概要
　　　https://www.stat.go.jp/data/kokusei/2020/kekka.html
　　図表4-2　都道府県別一般世帯の一世帯当たり人員（2020 年）

（3）ネットワークとしての家族

　以上のような世帯構成や世帯規模の変化に関するデータを見ると，第一次産業から第二次・第三次産業へといった産業構造の転換や，それにともなう労働力の地理的移動によって，家族はバラバラになってしまったように見える。

　しかし，1960 年代の米国では，こうした「核家族の孤立化」といった言説に対して，地理的移動が増大した社会においても，親や子ども，そしてきょうだいといった続柄の近い家族・親族のあいだでは親密な関

係が維持されているという調査研究が公表された。たとえば，E. リトワック（Litwak, E.）は，親子が同居していなくても，世代間・世代内であたかも拡大家族のように親密な交流が存在していることを強調して，これを「修正拡大家族（modified extended family）」と呼んだ。まさに「スープの冷めない距離」の近親関係である。

　今日の日本においても，大月敏雄（2017）は，建築計画学の観点から「親世帯と子世帯，場合によっては兄弟どうし，あるいはその複合形態としての家族の構成員たちが，近くに住みながら，地域で離散的に暮らすのが『近居』である」と述べ，その動向に注目している（大月，2017：85頁）。これは，親世代と子世代が世帯としては別だが，一つのゆるい絆で結ばれながら存続しているという「ネットワークとしての家族」と呼ぶべき見方である。

2. 都市の発展段階と家族ライフスタイル

（1）都市化・郊外化と近代家族

　続いて，家族の構成や機能の変化に関する議論を，都市化・郊外化，さらには近年の再都市化（都心回帰現象）と呼ばれる都市の発展段階と結びつけて整理してみよう（第2章参照）。

　第二次世界大戦後の1950年代後半以降，経済の高度成長とともに都市化は急速に進展し，とくに東京・大阪・名古屋の3地域は大都市圏を形成した。たとえば，農村部の中学校卒業者は，「集団就職」という形で，東京をはじめとする都市部に送り出された。とくに団塊の世代（1947〜1949年生まれ）は，「金の卵」と呼ばれ，日本の高度経済成長を支える若年労働者として期待されたのである。

　こうした農村から都市への大規模な人口移動は，大都市圏における深刻な住宅難を引き起こした。そこで政府は，団地という画一的な住宅の

大量供給を目的とした日本住宅公団（現在の独立行政法人都市再生機構，略称 UR）を 1955 年に設立した。団地の標準設計は，n 個の居室と食堂兼台所（ダイニングキッチン）からなる nDK タイプであった。さらにダイニングキッチンよりもゆとりのあるリビング・ダイニングキッチン（LDK）を備えた間取りは，公団住宅のみならず，民間のマンションなどに広く普及した。各居室は夫婦の寝室あるいは子ども部屋として使われ，テーブル式のダイニングキッチンは家族が集まって食事をする空間になる。こうした団地は，近代的な都市生活の象徴的な存在になった。

　また，1963 年には「新住宅市街地開発法」が公布された。この法律は，住宅需要が著しく多い市街地の周辺地域において「健全な住宅市街地の開発及び住宅に困窮する国民のための居住環境の良好な相当規模の住宅地の供給」を目的としていた。具体的には，東京の多摩ニュータウン（八王子市，町田市，多摩市，稲城市），大阪の千里ニュータウン（吹田市，豊中市）開発にともない，郊外化が進行した。

　こうした郊外住宅地では，男性は都心に通勤するサラリーマン（事務職やサービス職など），女性は結婚や出産を機に退職した専業主婦が中心であった。産業構造の転換にともない，子どもは労働力ではなく「愛情の対象」になり，サラリーマンの夫と専業主婦の妻，そして二人の子どもからなる家族が標準とされるようになった。落合恵美子（2019）は，家族史的な意味での「近代家族」の特徴として，①家内領域と公共領域の分離，②家族構成員相互の強い情緒的関係，③子ども中心主義，④男は公共領域・女は家内領域という性別分業などをあげている。

（2）生活の社会化：家族機能の変化

　都市社会学では，都市化は，「都市的生活様式」が深化・拡大してい

く過程としてもとらえられてきた。都市的生活様式とは，「居住地で発生する共同の生活問題を，行政や市場の提供する専門的サービスによって処理することが原則となるような生活の営み方」を意味する（森岡，2008：9頁）。

　この都市的生活様式は，家族機能の変化という観点から見れば，「生活の社会化」としてとらえられる。これは家族のさまざまな機能が，外部の行政や市場サービスといった専門機関に移行する過程を意味する。つまり，高度経済成長以降の産業化・都市化の過程において，家族の諸機能（生産・消費，生殖・養育，教育，娯楽，介護・扶養など）が，生活問題の専門処理機関（地方自治体，企業，学校，病院など）に移行し，外部化して「生活の社会化」が進んだのである。

　実際に郊外では，モータリゼーション（車社会化）の進行と相まって，1970年代になるとファミリーレストラン，ファーストフード店，家電製品や紳士服の大型店といったロードサイドビジネスが展開していった。つまり，食事をはじめとする家族の消費活動は，こうした市場サービスに外部化されていったのである。そして，郊外に「家を買い，ファミリーカーを買い，家電を買い，ファミリーレストランに行く家族」，こうした家族像が大衆を魅了するようになった（三浦，1999）。

（3）ジェントリフィケーションと家族

　都市の発展段階的に見ると，1990年代後半以降の東京は，人口減少が続いていた都市部で人口が再び増加するようになった「都心回帰」と呼ぶべき「再都市化」の段階にある。松本康（2022）は，近年の再都市化は「たんなる人口の都心回帰ではなく，グローバル情報経済という新しい都市経済のもとで生じている趨勢」であると述べ，バブル経済崩壊後の都市再開発の進展によって，「これまで郊外に住宅を求めざるを得

なかったヤングアダルトの専門・技術職層が，中心都市にとどまれるようになった」点を指摘している。

　日本よりも早く1980年代のアメリカ都市では，「ジェントリフィケーション（gentrification）」に脚光が集まっていた。これは，典型的には，劣悪なインナーエリアが再生され，専門職や中産階級の居住地域に変化することを指す。小長谷一之（2005）は，ジェントリフィケーションとは「①新しい産業部門に従事するなど，新しいワークスタイル・ライフスタイルをもつ，②年齢的には若い人たちが都市中心部などにある衰退した街区に魅力を感じて居住・就業を始めることによって，地域が活性化することを言う」と整理している（小長谷，2005：100頁）。

　具体的には，ヤッピー（young urban professionals）と呼ばれるFIRE（Finance, Insurance, Real Estate：金融，保険，不動産）部門に勤めるヤングアダルトが，通勤に時間がかかる郊外ではなく，都心の職場や繁華街の近くに居住することを選択し，都心生活を謳歌することが流行になったのである。そうした彼ら／彼女らのライフスタイルの一つが，DINKS（Double Income No Kids）であった。

　DINKSとは，文字通り，夫婦共稼ぎで子どもをもたない夫婦のことを指し，経済的なゆとりや，夫婦それぞれの仕事の充実などに価値を見出す結婚生活を意味していた。この言葉は，1990年代の日本においても，経済的な負担が大きい子どもをもつことを意識的に避けて，豊かな消費生活を楽しむカップルとして，マスコミを通じて広く普及した。

　こうした動向は，とくに大都市において，サラリーマンの夫と専業主婦の妻そして二人の子どもからなる「標準家族」的な見方が揺らいだことを示していた。そして結婚して，子どもをもつ／もたないということが，当事者の選択になっており，「家族のライフスタイル化」と呼ぶべき傾向が強くなったとも言えるだろう。

3. 都市空間における家族の個人化/多様化

（1）家族の個人化

　今日では，子どもをもつ / もたないという出産だけでなく，結婚する / しないという婚姻も当事者の選択にゆだねられている。具体的に2020年の生涯未婚率（50歳時の未婚率）をみると，男性で28.3％，女性で17.8％であり，1990年に男性の比率が女性を逆転した後，急速にその比率が高まっている（**図表4-3**）。こうした傾向は「未だに結婚しない」という含意である未婚化よりも「非婚化」と表現した方が適切だろう。非婚化が進めば，先に世帯構成とその規模の変化を確認したように，単独世帯の増加と，世帯の小規模化はさらに進んでいくと考えられる。

　このように，結婚や出産が人生における当たり前の経験でなくなり，個人の意思に基づいて選択的に行われるようになった変化は，家族の

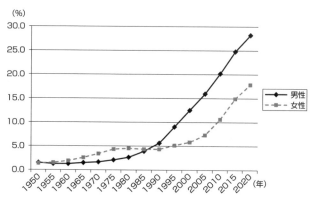

出典）国立社会保障・人口問題研究所「人口統計資料集（2022年）」より筆者作成。

図表4-3　生涯未婚率の変化

「個人化」と呼ばれてきた。落合恵美子（2019）は，こうした変化を，「婚姻の公的意味付けの消失，一生を通じて，あるいは人生のかなりの期間，子どもや配偶者をもたないライフコースの一般化など，家族に属するということが人々の人生にとって必ずしも自明でも必然でもない社会の到来」と整理している（落合，2019：223頁）。これは，これまで都市の発展段階に沿って整理してきたように，比較的若い人びとがそうした家族ライフスタイルを選択するようになったという側面とともに，長寿化にともない配偶者と死別して一人暮らしをせざるを得ないという側面もある。

（2）都市の「ひとり空間」

　世帯構成における単独世帯の増加や，家族の個人化といった現象は，「ひきこもり」の若者，あるいは「孤独死」する高齢者といったように，ネガティブなイメージでとらえられやすい（第14章）。しかし，ライフスタイルの一つとして選択された「おひとりさま」は，よりポジティブなイメージをもち，消費社会におけるマーケティングの対象として，重要な位置づけを占めている。実際に日本の都市には，ワンルーム・マンションといった住まいから，ひとりカラオケ・ひとり焼肉店に象徴されるような一人客向けの商業施設が充実している。

　南後由和（2018）は，都市の「ひとり空間」の諸相について，住まい，飲食店・宿泊施設，モバイル・メディアという3つの軸から考察している。まず，都市における単身者の住まいは，「一般的に狭小であるため，交通機関や飲食店など，外部空間へのアクセスのしやすさが重視」され，概して一時的なものであることをモビリティの観点から指摘している。続いて，飲食店や宿泊施設においてひとり空間が集積している理由として，「日本特有の空間をめぐる境界意識や規範」に加え，「鉄

道に強く依存した都市構造および交通体系」を挙げている。その具体的な事例は，個々の席が簾や衝立によって仕切られた半個室型ラーメン店や，細分化と均質化が徹底されたカプセルホテルである。さらに，モバイル・メディアの普及が，これまでの「空間・時間感覚やコミュニケーションのパターン」を変容させ，都市のひとり空間を再編成しつつあると述べる。

（3）家族の多様化

　家族の個人化とともに，家族の変化を示す表現として挙げられるのが，家族の「多様化」である。かつては，結婚しない出産，離婚，再婚などは，標準家族あるいは標準的なライフコースから外れた逸脱的な出来事とみなされた。しかし，今日では，ひとり親家族，ステップ・ファミリー（子連れ再婚夫婦），同性婚など，「多様化」する家族のかたちを偏見や差別をもつことなく社会的に受け入れていこうとする潮流がうまれている（岩上，2014）。

　たとえば，同性婚にかんして，東京都渋谷区と世田谷区は，2015年に「同性パートナー」を男女の婚姻関係に相当する関係と認める制度を施行した。戸籍上の性別が同じ二者間の社会生活における関係を「パートナーシップ」と定義し，それを自治体が証明する制度は全国の自治体に広がりつつある。渋谷区は，「ちがいをちからに変える街」を標語とする基本構想を策定している。そこでは，成熟した国際都市へと進化してゆくために，渋谷区は「ダイバーシティとインクルージョン」という考え方を大切にし，暮らす人々のあらゆる多様性（ダイバーシティ）を受け入れるだけにとどまらず，その多様性をエネルギーに変えてゆくこと（インクルージョン），そして人種・性別・年齢・障害をこえて，渋谷区に集まるすべての人の力を，まちづくりの原動力にすることが謳わ

れている。

　また，新型コロナウイルス感染症（COVID-19）の拡大は，われわれに「どこで，だれと一緒に暮らすのか」ということを問い直している。そして現実として2022年の出生数は，80万人を割り込んだ。結婚する／しない，子どもをもつ／もたないという選択だけでなく，単身者であっても，家族に限らず親しい友人と一緒に暮らしていくことは可能である。久保田裕之（2019）は，こうした「ルームシェア」や「ハウスシェア」，「コレクティブハウジング」と呼ばれる非血縁・非恋愛に基づく共同生活の形態に注目している。たしかに共同生活をめぐる新しいライフスタイルに焦点をあてることが，今日の都市空間における家族（という親密性）を考え直すことにつながるのかもしれない。

**学習の
ヒント**
1. 都道府県による世帯構成の違いについて，国勢調査を用いて調べてみよう。
2. 都市的生活様式の深化にともない，家族の機能はどのように変化したのか考えてみよう。
3. 家族の個人化にともない，どのような「ひとり空間」が増えているのか調べてみよう。

参考文献

Litwak, E.（1960）"Geographic mobility and extended family cohesion", *American Sociological Review*, 25：385-394.

岩上真珠（2014）「多様化する家族のかたち」宮本みち子・岩上真珠編『リスク社会のライフデザイン―変わりゆく家族をみすえて』放送大学教育振興会：48-62.

大月敏雄（2017）『町を住みこなす―超高齢社会の居場所づくり』岩波新書

落合恵美子（2019）『21世紀家族へ―家族の戦後体制の見かた・超えかた（第4版）』有斐閣選書

久保田裕之（2019）「なぜ『家族』を求めるのか？」友枝敏雄・山田真茂留・平野孝典編著『社会学で描く現代社会のスケッチ』みらい：114-121.

小長谷一之（2005）『都市経済再生のまちづくり』古今書院

南後由和（2018）『ひとり空間の都市論』ちくま新書

福武直（1949）『日本農村の社会的性格』東京大学出版会

松本康（2022）「都市圏の発展段階―都市化・郊外化・再都市化」松本康編『都市社会学・入門（改訂版）』有斐閣

三浦展（1999）『「家族」と「幸福」の戦後史―郊外の夢と現実』講談社現代新書

森岡清志（2008）「〈地域〉へのアプローチ」森岡清志編『地域の社会学』有斐閣

5 | 都市化と社会的ネットワーク

原田　謙

《目標＆ポイント》「都市は人びとの人間関係にどのような影響をもたらすのか」という問いをめぐって，いかなる理論にもとづいて，親族・隣人・友人関係について何が明らかにされてきたのだろうか。まず，人間関係をとらえるのに必要な，社会的ネットワークと社会的サポートという用語を説明する。そして，ネットワークに対する都市効果に関する下位文化理論とコミュニティ解放論を紹介し，日本における親族・隣人・友人ネットワークの変化に関する知見を確認する。さらに近年の情報通信技術（ICT：Information and Communication Technology）の普及にともなう親密性の変容について考える。
《キーワード》　社会的ネットワーク，下位文化理論，コミュニティ解放論，情報通信技術，親密性

1. 社会的ネットワーク：都市の人間関係をとらえる

（1）人間関係の構造：社会的ネットワーク

　人間関係の構造をとらえようとした既存研究では，三種類の社会的ネットワーク（social network）が分析されてきた（Kadushin, 2012 = 2015）。第一は，親族関係，友人関係など，たいてい何らかの役割関係から定義されることが多い，中心となる個人が取り結ぶエゴセントリック・ネットワークである。第二は，特定の閉じられた集団や組織の内部における諸個人間のつながりをとらえるソシオセントリック・ネットワークである。第三は，「スモールワールド（小さな世界）」現象や，疾病の

拡散など，境界が明確でないオープンシステム・ネットワークである。

　実際の調査研究において，ネットワークは，そのメンバーの数を示す規模（size），メンバー間の結びつきの程度を示す密度（density），親族・隣人・友人といったカテゴリーを示す領域／境界性（domain／boundedness），メンバー同士が互いに似通っている程度を示す同類性（homophily）などによって測定される。さらに，個別の紐帯（ties）の特性は，対面や電話・メール等での接触頻度（frequency of contact），サポートなどがやり取りされる数を示す多重性（multiplexity），やりとりされる交換が同等か否かという互酬性（reciprocity），居住地の地理的近接性（geographical proximity）などによって測定される。

　本章では，都市住民の親族・隣人・友人関係といったエゴセントリック・ネットワーク，とくにその規模に焦点をあてて議論していく。

（2）人間関係の機能：社会的サポート

　このように人間関係の構造的側面が社会的ネットワークとしてとらえられるのに対して，機能的側面は社会的サポート（social support）としてとらえられる。ネットワークはさまざまなサポートの受領と提供を通じて，人びとのウェルビーイング（well-being：幸福感）に影響を及ぼすと想定されてきた（原田，2017）。

　社会的サポートのタイプは，「情緒的サポート（emotional support）」と「手段的サポート（instrumental support）」に大別される。第一に，情緒的サポートは，愛情，共感や理解，自己肯定感を維持・増大させるような支援を指す。第二に，手段的サポートは，経済（金銭）的な援助や，掃除・洗濯や買い物の手伝いなど，人びとが抱えている諸問題を解決する実体的な援助を指す。さらに，意思決定や適切なフィードバックをもたらす「評価的サポート（appraisal support）」や，特定のニーズ

に応じた情報やアドバイスの提供といった「情報的サポート（informational support）」などが取り上げられることもある。

2．都市住民の親族・隣人・友人関係は衰退したのか？

（1）下位文化理論

　C. S. フィッシャー（Fischer, C. S.）は，「都市は何を生み出すのか」という都市的体験をめぐる問題について，「独立変数としての都市」に着目した理論的系譜を以下の3つに整理している（Fischer, 1984 = 1996）。

　第一は，L. ワース（Wirth, L.）に代表される古典的なアーバニズムの「（生態学的）決定理論」である。ワース理論あるいは都市アノミー理論とも呼ばれるこの立場は，アーバニズム（すなわち人口集中）は，直接的に人びとの社会生活やパーソナリティを悪い方向に変化させると論じる。都市という，人口規模が大きく，密度が高く，異質的な環境は，人びとをおびただしい刺激（クラクションの音，ネオンの光，裾をつかむ客引き…）にさらす。心理的なレベルにおいて，都市住民は，こうした刺激に対して精神的な均衡を保つために，適応が必要になる。このような適応は，人びとを互いに孤立させる。都市住民は他者と距離をおき，不愛想になり，非人格的なパーソナリティを示すようになる。また社会構造のレベルにおいて，アーバニズムは人びとの生活の分化をもたらす。ある場所で仕事が，別の場所で家庭生活が，そして第三の場所で余暇が行われる。この社会構造の分化は，コミュニティの分裂と第一次集団の弱体化をすすめることによって，人びとを孤立させる。こうした社会的な絆の弛緩は，規範（何が適切で許容された行動であるかを示す規則と通念）が弱くなった社会状況であるアノミーの原因となり，結果として都市住民のパーソナリティの問題を促進するのである（Fischer, 1984 = 1996：47-51頁）。

　第二は，H. J. ガンズ（Gans, H. J.）に代表される非生態学的な「社会構成理論」である（Gans, 1962 = 2006）。この理論は，アーバニズムの直接的な効果を否定するものであり，都市と村落のあいだにおける行動上の違いは，そこに住む人びとの社会階層や民族やライフサイクル段階の違いによるものと考える。この社会構成論者は，（生態学的）決定論者と同じシカゴ学派の伝統からあらわれた。かれらの議論の要点は，親族，民族，あるいは類似した社会的属性にもとづく親密な社会圏が，もっとも都市的な環境の中にあっても存続しているということである。たとえば，「リトル・イタリー」と呼ばれる移民の近隣社会や，上流階級の居住地などが挙げられる。こうした社会的世界は，エスニシティや経済階級などによって形成されるものであり，人口集中の影響は受けにくい。したがってアーバニズムは集団や個人に深刻な直接的影響を及ぼさないと考えられる（Fischer, 1984 = 1996：51-55頁）。

　第三は，決定理論と社会構成理論の統合を試みたフィッシャーによる「下位文化理論」である（第6章参照）。この理論は，社会構成理論と同様に，アーバニズムはアノミーや個人間の疎隔などを生まないと論じ，都市住民も村落と同様に活力のある社会的世界に統合されていると考える。そして下位文化理論は，アーバニズムが，決定論者が想定したような社会解体ではなく，むしろ構造的分化を通して多様な下位文化を生成し，それらを強化すると考える。つまりアーバニズムは，社会階層や民族やライフサイクル段階といった都市の社会構成に還元しきれない独自の効果をもつと論じる（Fischer, 1984 = 1996：55-59頁）。

　本章の中心的な論点であるネットワークに対する都市効果について，フィッシャーは，「都市の友人関係は，独特で，同質的な，自由に選択された下位文化からあらわれる可能性が高い」と述べる（Fischer, 1984 = 1996：195頁）。そして下位文化理論は「居住地の都市度がネッ

トワーク全体の選択性を増大させることによって，親族・隣人関係を減少させ，友人関係を増大させる」と予測し，数多くの実証研究が蓄積されていった。

（2）コミュニティ解放論

　B. ウェルマン（Wellman, B.）は，「大規模な社会システム上の分業が第一次的関係ひとつひとつの性質や全体の組織のされ方にどのような影響を与えるのか」という問いを「コミュニティ問題（the community question）」と名づけた（Wellman, 1979 = 2006：160頁）。そしてこの問いを，社会学の根本問題として位置づけ，社会ネットワーク分析的な視角から分析することを提案した。ウェルマンは，コミュニティを「近隣」ではなく，親密な絆の「ネットワーク」としてとらえるべきだと主張し，「従属変数としてのネットワーク」に着目したのである。

　このコミュニティ問題に関して，3つの学説が存在する。第一は，「コミュニティ喪失論（community lost）」である。喪失論は，産業化した官僚制社会における分業体制が，コミュニティの連帯を衰退させてきたと主張する。先に述べたワースのアーバニズムの決定理論のように，都市における第一次的関係は非人格的で，一時的で，断片的なものになってしまったというのである。こうした大衆社会を嘆く喪失論の議論は，犯罪・移民・貧困など，さまざまな研究領域で展開されてきた。しかし，このコミュニティは喪失されたという主張は，経験的な調査研究の裏付けが乏しく，主な関心はむしろ規範的・道徳的な説教に向かいがちであった（Wellman & Leighton, 1979 = 2012）。

　第二は，「コミュニティ存続論（community saved）」である。存続論は，近隣や親族の連帯は産業的・官僚制的社会においても存在し続けていると主張する。1960年代はじめには，ガンズの『都市の村人たち

(the urban villagers)』に代表されるように（Gans, 1962 = 2006），存続論者の多くは，都市における第一次的関係は社会的サポートや交際の重要な供給源であり続けていると経験的に実証してきた。これらの実証研究は，先に整理したフィッシャーの議論において，社会構成論者が依拠していた議論と同じである。しかし，このコミュニティは存続しているという主張は，近隣地区や親族関係や職場において今でも残っている共同的な連帯のみを探し求めてきたために，連帯的な紐帯がネットワーク全体のなかでどのような位置を占めているのか，そして相対的に弱い紐帯の存在などを上手く評価できなかった（Wellman & Leighton, 1979 = 2012）。

　第三は，「コミュニティ解放論（community liberated）」である。解放論は，都市における第一次的関係が存続しており，その重要性を失っていないことは認めるが，今やそうした諸関係は密に編まれた近隣を超えて拡散していると主張する。この理論は，コミュニティ問題を分析する際に近隣を出発点とすることを放棄し，第一次的関係の構造を直接探求するのである。このコミュニティは解放されているという主張は，いまや第一次的関係は，密に編まれた単一の連帯へと束ねられているのではなく，まばらに編まれ，空間的に分散し，枝分かれした構造をもつようになっていると論じる（Wellman, 1979 = 2006：166 頁）。

　このようにウェルマンは，コミュニティ問題をネットワーク分析的に設定しなおして，カナダ・トロントの調査データを用いた経験的な分析に向かっていった。具体的には，ネットワークに対する都市効果について，コミュニティ解放論は「親密なネットワークは，交通機関やコミュニケーション技術の発達によって，空間的に分散した密度の低いネットワーク構造をもつようになっている」と予測した。つまり，親族・隣人・友人といった領域別ネットワークの増減に対する都市効果だけでな

く，その空間的分布である距離別ネットワークに対する都市効果の検討
が分析の焦点となった。

（3）日本における親族・隣人・友人ネットワーク
①実証研究の知見
　日本においても，1990年代以降，フィッシャーやウェルマンの議論に
触発されて，都市度とネットワークに関する実証研究が蓄積されてきた
（松本編，1995；大谷，1995；森岡編，2000）。ただし，これらの先行研
究の知見は必ずしも一貫していなかった。その理由の一つとして，多く
の研究が5地点前後の地域を対象としており，どのような結果が得られ
ても，それが都市度の効果なのか，それとも別の地域特性の効果なのか，
判然としない場合が多かった。また，当時の分析は，本来地域レベルの
水準であるはずの都市度を，個人レベルの水準の変数として伝統的な線
形モデルの分析に投入し，その効果を推定してきた。しかし近年の統計
解析手法の発展に伴い，こうした異なる水準のデータを扱うモデルの場
合，厳密な推定をおこなうためにマルチレベル分析が用いられる。
　原田謙（2017）は，こうした方法論的課題もふまえて，一都三県の
30自治体に居住する25歳以上の男女を対象として，親族・隣人・友人
ネットワークに対する都市効果を，マルチレベル分析によって検討し
た。その結果，第一に，親しい親族総数の都市度による違いは，居住者
の個人属性の影響を統制すると消失した。しかし，都市度は親族関係の
空間的分布に影響を及ぼしており，都市度が高いほど近距離（＝片道
30分以内の）親族数は減少していた。第二に，都市度が高いほど隣人
数は減少していた。第三に，友人総数の都市度による違いは，個人属性
の影響を統制すると消失した。しかし，都市度は友人関係の空間的分布
に影響を及ぼしており，都市度が高いほど中距離（＝片道30分〜2時

間以内の）友人数が増大していた。

②都市の「文脈効果」

　このような日本における知見の理論的含意を，「独立変数としての都市」に着目したフィッシャーの下位文化理論から考えてみよう。この理論では，ネットワークに対する都市効果について「居住地の都市度がネットワーク全体の選択性を増大させることによって，親族・隣人関係を減少させ，友人関係を増大させる」と予測していた。

　原田（2017）における分析結果も，ネットワーク規模（サイズ）の違いは年齢・性・教育年数といった居住者の社会構成（構成効果）の違いに還元できず，住んでいる場所の都市度によるものである（文脈効果）ことを示していた。たとえば，都市度が高いほど中距離友人数が増大していたのである。都市度は，潜在的な友人資源へのアクセス可能性を高め，友人関係が形成された後もそのつながりを維持しやすくすることによって，都市圏全体に広がる中距離友人数を増大させると考えられる（松本，1995）。つまり下位文化理論は，一種のアクセス理論として解釈できることを示唆していた。

③空間的に分散するネットワーク

　また「従属変数としてのネットワーク」に着目したウェルマンのコミュニティ解放論では，「親密なネットワークは，交通機関やコミュニケーション技術の発達によって，空間的に分散した密度の低いネットワーク構造をもつようになっている」と予測していた。

　原田（2017）における，都市度が高いほど近距離親族数や隣人数が減少するという知見，都市度が高いほど中距離友人数が増大するという知見は，この解放論を支持している。コミュニティ喪失論を批判的に検討

した赤枝尚樹（2015）も，「都市度が高いほどネットワーク密度が減少する」という知見を明らかにしている。また，都市度はネットワークの空間的分布に影響を及ぼしていたが，親族総数や友人総数では都市度による有意な違いは見られない。つまり都市住民の第一次的関係は，連帯的な（密度の高い）ネットワークに束ねられているのではなく，空間的に分散し枝分かれした構造をもつようになっていると考えられる。

3.　都市で暮らす：親密性の変容

（1）情報通信技術（ICT）の普及とネットワーク

　今世紀のアメリカにおいても，ソーシャル・キャピタルをめぐるコミュニティの崩壊と再生をめぐる議論と相まって，パーソナル・ネットワーク研究は盛んである。

　フィッシャー（2011）は，1970年から2010年の間に，アメリカ人の家族や友人との関係は変化したのかという問いを，さまざまな官庁統計やGSS（General Social Survey）データを用いて検証している。その率直な回答は「あまり変わらない」である。アメリカ人が身近な人びとと関わる方法は多少変わったが，親密な家族や友人とは「まだつながっている（still connected）」のである。フィッシャーは，社会的に孤立した人の割合も増えておらず，親しいと答えた家族や友人の数もほぼ同じであったことから，社会的つながりに関するパニックに否定的な見解を示している。アメリカ人は，ディナー・パーティーのように互いの家庭に集まることは少なくなったが，互いに電子メールなどで連絡を取り合うことは多くなった。そして家族や友人から，以前と同程度のサポートを受けることを期待している。

　フィッシャーによれば，インターネットや電子メールの利用は，平均的な利用者の対面での接触頻度にはほとんど影響を与えない。たしかに，

インターネット上で新たな個人的関係が形成されることもあるがそれは稀なことである。圧倒的に多いのは，新しい電子メディアを，既存の人間関係を維持したり，再活性化したりするために使う人びとである。フィッシャーは，このような評価に基づき，1970年から2010年にかけての電子メディアを介したコミュニケーションの拡大により，アメリカ人は家族や友人との関わりをより簡単に持てるようになったと述べている。

　一方，ウェルマン（2021）も，自らの半世紀以上にわたるネットワーク研究を振り返りながら，インターネットが，対面している人たちとの出会いの間に接続性を提供し，友人や親族が関係を維持し，豊かにすることを可能にしたと主張している。インターネットでのコミュニケーションが多い人ほど，距離があっても直接会う傾向がある。そして，携帯電話や電子メールによって，配偶者をはじめとする家族とも，仕事や場所が離れていても，日中連絡を取り合うことができるようになったため，家庭内のつながりは高くなった。識者は，情報通信技術によってコミュニティが失われるのではないかと心配するかもしれないが——ちょうど以前の識者が「コミュニティの喪失」を懸念していたように——，普通の人びとは情報通信技術を日常生活に容易に取り込んでいる。ウェルマン（2021）によれば，「交通手段，テレコミュニケーション，仕事の性質，集団の境界線の弱体化などの変化が，連帯（solidarities）からネットワーク個人主義（networked individualism）への転換を促した」のである。

（2）日本人のネットワークの変化

　日本でも，情報通信技術の普及が人間関係の構造や機能に与えたインパクトに関する研究が進められている。たとえば石黒格編（2018）は，20世紀末からおよそ20年間に起きた日本人の人間関係の変化を，情報通信技術の普及に焦点をあてながら，大都市郊外と地方都市における時

系列調査データに基づいて分析している。

　この調査で明らかになった事実は，日本人の人間関係の選択性が上昇しており，その結果として人間関係が「個人化」していることである。ここでいう個人化とは，人間関係の形成において血縁や地縁といった社会的文脈の影響力の低下を意味しており，そうした社会的文脈を超えて個人の意思による選択が重視されていく傾向を指す（石黒編，2018：210頁）。まさに，ウェルマンがネットワーク個人主義と表現した状況が，日本においても進行しているのである。

　具体的な知見として，入院時の手伝いといった道具的なサポートは直系核親族（別居している親または子）に求める傾向が強くなっている一方で，悩み事の相談やコンパニオンシップ（おしゃべりや気晴らし）については同僚や友人に求める傾向も強くなっているという「サポート源の分散」が指摘されている。また，親密な友人が遠距離に分散する傾向が強くなった点や，友人というつながりにおいて趣味の共有が重要になってきている点などから，「友人関係の選択性と娯楽化」という傾向も明らかにされている（石黒編，2018：210-211頁）。

（3）「選択的なネットワーク」の含意

　これまでの議論を整理すると，都市度がネットワーク全体の選択性を増大させたことによって，人びとの人間関係は伝統的な連帯に基づくネットワークではなく，空間的に分散した構造をもつようになった。そして，近年の情報通信技術の進展は，血縁や地縁といったしがらみから人びとを解放し，ますます個人的に選択されるネットワークという傾向を強めている。まさに，ネットワーク形成において，時間的・空間的制約が減り，「脱埋め込み」がもたらされたのである。

　D. チェンバース（Chambers, D.）は，「家族や地域共同体などの伝統

的な紐帯の衰退によって生み出された不確実性は，個人にきわめて大きな負荷を強いている」と述べ，「かつては家族や親族が提供していた存在論的な安心を埋め合わせるものとして，信頼に足る親密な関係はますます重要になっている」と指摘する（Chambers, 2006 = 2015：60頁）。そして今日の人びとの自己アイデンティティは，A. ギデンス（Giddens, A.）が「純粋な関係性」とよぶ領域で形成されると主張している。

　純粋な関係性とは，「社会関係を結ぶというそれだけの目的のために，つまり，互いに相手との結びつきを保つことから得られるもののために社会関係を結び，さらに互いに相手との結びつきを続けたいと思う十分な満足感を互いの関係が生み出していると見なす限りにおいて関係を続けていく，そうした状況」を指している（Giddens, 1992 = 1995：90頁）。まさに本章で紹介してきた国内外の実証研究も，親族でもない，仕事仲間でもない，隣人でもない「純粋な友人（just friends）」に着目してきた。こうした自らの意思によって形成される選択的なネットワークが，伝統的な関係性に代わるものとして，今日の都市で暮らす人びとのウェルビーイングを左右する位置を占めつつあるのかもしれない。

**学習の
ヒント**

1. あなたが日頃から何かを頼りにし親しくしている別居の親族数，隣人数，友人数は何人くらいでしょうか。その人数を参考文献（原田，2017；石黒編，2018）の調査結果と比較してみよう。
2. あなた自身のウェルビーイングにとって，どのようなネットワークやサポートが重要か考えてみよう。
3. 情報通信技術，とくに SNS（Social Networking Service）の普及にともなって，日本人の友人関係における構造と機能はどのように変化したのか考えてみよう。

参考文献

Chambers, D.（2006）*New Social Ties : Contemporary Connections in a Fragmented Society*, New York : Palgrave Mcmillan.〈＝辻大介・久保田裕之・東園子・藤田智博訳（2015）『友情化する社会―断片化のなかの新たな〈つながり〉』岩波書店〉

Fischer, C. S.（1984）*The Urban Experience*, New York : Harcourt Brace Jovanovich.〈＝松本康・前田尚子訳（1996）『都市的体験―都市生活の社会心理学』未来社〉

Fischer, C. S.（2011）*Still Connected : Family and Friends in America since 1970*, New York : Russell Sage Foundation.

Gans, H. J.（1962）*The Urban Villagers*, New York : Free Press.〈＝松本康訳（2006）『都市の村人たち』ハーベスト社〉

Giddens, A.（1992）*The Transformation of Intimacy : Sexuality, Love and Eroticism in Modern Societies*, Cambridge : Polity Press.〈＝松尾精文・松川昭子訳（1995）『親密性の変容―近代社会におけるセクシュアリティ, 愛情, エロティシズム』而立書房〉

Kadushin, C.（2012）*Understanding Social Networks : Theories, Concepts, and Findings*, New York : Oxford University Press.〈＝五十嵐祐監訳（2015）『社会的ネットワークを理解する』北大路書房〉

Wellman, B.（1979）"The Community Question : The Intimate Networks of East Yorkers", *American Journal of Sociology*, 84（5）: 1201-31.〈＝野沢慎司, 立山徳子訳（2006）「コミュニティ問題―イースト・ヨーク住民の親密なネットワーク」野沢慎司編・監訳『リーディングス　ネットワーク論―家族・コミュニティ・社会関係資本』勁草書房 : 159-204.〉

Wellman, B., Hampton, K., Quan-Haase, A. & Harper, M.（2021）"A Network Pilgrim's Progress : Twenty-Six Realizations in Fifty-Five Years", In Small, M. L., Perry, B. L. & Pescosolido, B. A.（Eds.）, *Personal Networks : Classic Readings and New Directions in Egocentric Analysis*, Cambridge : Cambridge University Press : 282-295.

赤枝尚樹（2015）『現代日本における都市メカニズム―都市の計量社会学』ミネル

　ヴァ書房

石黒格編（2018）『変わりゆく日本人のネットワーク―ICT 普及期における社会関係の変化』勁草書房

大谷信介（1995）『現代都市住民のパーソナル・ネットワーク―北米都市理論の日本的解読』ミネルヴァ書房

原田謙（2017）『社会的ネットワークと幸福感―計量社会学でみる人間関係』勁草書房

松本康編（1995）『増殖するネットワーク』勁草書房

森岡清志編（2000）『都市社会のパーソナルネットワーク』東京大学出版会

6 | 都市と文化

北川由紀彦

《目標＆ポイント》　都市において多様で非通念的な下位文化が生み出されることについて説明を試みた理論に，フィッシャーの「アーバニズムの下位文化理論」がある。この理論の4つの基本命題について概説するとともに，その検証例を紹介する。また，インターネットの普及という環境の変化を経てもなお下位文化の多様性に関して都市が持つ可能性について考えてみる。
《キーワード》　アーバニズムの下位文化理論，非通念性

1. 都市に惹き寄せられるということ

（1）代官山へ通う少女

　嶽本野ばらという作家の作品に『下妻物語』という小説がある。2004年には映画化もされたので，そちらをご覧になった方もいるかもしれない。茨城県の下妻市に住む2人の少女——高校生の桃子と，女性暴走族のメンバーであるイチゴ——の友情を描いた物語である。主人公の1人である桃子は，白やピンクを基調としリボンやフリルがふんだんにつけられたドレスなどで特徴づけられるファッション——いわゆるロリータ・ファッション——に心酔しており，日常生活でもロリータ・ファッションを普段着としている。しかし，人口がさほど多くはなくどちらかといえば「田舎」である（と物語中では描かれている）下妻では，桃子以外にロリータ・ファッションで近隣を歩く人はおらず，桃子のそうした服装は冷笑やひやかしの対象とされており，桃子は友人もい

ない孤独な生活を送っている。そんな桃子は，休日の度に，鉄道を何本
も乗り継いで片道2時間以上かけて，東京の代官山という地区にあるロ
リータ・ファッションの専門店に通っている。その専門店にはロリー
タ・ファッションの専門ブランドのドレスやアクセサリーが並び，東京
の内外から桃子のようなロリータ・ファッションの愛好者が自らもそう
したファッションを身にまとって詰めかける。桃子は，代官山のその専
門店を訪れ，また，同じようにロリータ・ファッションを愛好する人々
と街を闊歩している間こそが，本当の自分になれる時間であるかのよう
に感じている――。

　『下妻物語』の物語自体はフィクションであるが，作中に登場するロ
リータ・ファッションの専門店は実在する。また，ロリータ・ファッ
ション愛好者の文化に限らず，都市が，多様な文化をその内部に生成さ
せ，また，その文化それ自体を通じてその外部から人々を寄せることが
あることを私たちは経験的に知っている。これまでの人生でいわゆる
「地方」から都市への転居を経験した方の中にも，進学や就職・転職と
いった直接の移住目的に加えて，「都会の文化的な豊かさ」を求めて都
市移住を決断した方もいるのではないだろうか。しかし，なぜ都市では
文化的な多様性が生み出されるのだろうか。この点について理論的な説
明を試みようとしたのが，フィッシャー（Fischer, C. S.）による「アー
バニズムの下位文化理論」（以下，下位文化理論）である。

（2）下位文化とは

　下位文化理論の解説に入る前に，「下位文化」という言葉について確
認しておこう。「下位文化」とは，英語ではsub-cultureのことを指す。
sub-cultureを日本語でそのままカタカナ書きすると「サブカルチャー」
となるが，一般的には，日本語で「サブカルチャー」という場合，アニ

メ，コミック，ゲーム，アイドルの愛好者の文化など，主に若者を対象
とした文化の一部を指す狭い意味で用いられることも多い。しかし，社
会学でいう「下位文化」の範囲はもっと広く，ある社会に存在する文化
のうち，その社会の構成員のうちの一部分の人々によって共有されてい
る文化のことを指し，また，それが「高級」であるかどうかや「正統」
であるかどうかといったことは問わない。したがって，この意味での下
位文化には，例えば，アニメ愛好者の文化だけでなく，クラシック音楽
愛好者の文化やサッカーファンの文化，落語愛好者の文化や茶道をたし
なむ人たちの文化，同性愛者の文化なども含まれる。下位文化理論にお
ける「下位文化」も，こうした社会学的な意味での「下位文化」のこと
を指す。以下では，この下位文化理論の基本的な立論を追っていくこと
にしたい。

2. アーバニズムの下位文化理論

（1）四つの基本命題

　フィッシャーは，ある集落が都市的であることはその集落内部で営ま
れる社会に何をもたらすのか——どのような影響を与えるのか——とい
う，都市社会学における古典的な問いに彼なりに答えを与えようと試み
る。これまでの章でも触れたシカゴ学派に属するワース（Wirth, L.）
は，都市という環境条件（ワースによれば，それは人口量の多さ，人口
密度の高さ，人口の異質性の高さの3点によって定義される）は，社会
解体と個人の疎外などをもたらす，と主張した（これが様々な実証的な
研究によって否定されたことは第5章で触れられたとおりである）。他
方，ガンズ（Gans, H. J.）は，米国の都市のイタリア系住民の集住地区
の調査研究などから，都市住民の生活様式の違いは，都市という環境条
件それ自体によってではなくむしろ，その住民がおかれた経済的な条件

やライフサイクルの段階（既婚者であるかや子どもの有無など）などに規定される，と主張した。これに対し，フィッシャーは，住民の所得や年齢，学歴などの変数の影響を取り除いたとしてもなお残る都市という環境条件が社会に与える影響として下位文化の多様化と非通念化を挙げ，それが起こるメカニズムを説明する理論モデルを提起した。これが下位文化理論である。

フィッシャーの下位文化理論は，大きくは次の4つの基本命題によって構成されている。

基本命題1：場所が都市的になればなるほど，下位文化の多様性は増大する。

まずフィッシャーは，その集落が都市的である度合い，すなわち都市度を，その集落の人口規模の大きさに限定する。そのうえで，人口が多ければ多いほど，その社会においては社会分化（social differentiation）が進むため，分化した職業や階級などに応じた個々の集団において共有される文化も様々に分化していくと述べる。他方で，都市度が高い地域は，都市度が高ければ高いほど，より広範囲にわたる後背地（都市度が低い周辺地域）からより多くの人口を集める（移住者を引きつける）ことになるため，都市内部に生成される集団の多様性が増大し，それにともなって下位文化の多様性も増大する，と述べる。これが基本命題1である。

基本命題2：場所が都市的になればなるほど，下位文化の強度は増大する。

ここでいう下位文化の「強度」とは，「下位文化的な信念，価値，規範，そして習慣が存在し，それらに愛着があり，力があること」を意味

する（Fischer, 1975 = 2012：138頁）。まず，ある下位文化を担う人口が多くなり，それが一定の水準（これをフィッシャーは「臨界量」critical mass と呼ぶ）に達すると，その下位文化のシステムは，その下位文化を構造化し，維持・強化し，育成するような諸制度を作り出す。この場合の「制度」というのは，法律や条例のような法的な意味での制度以外のものも含む，広い意味での「制度」のことであり，具体的にはサークルやクラブ，協会，教室，専門店などをも含む。例えば，日本社会においては新興で知名度が低く競技人口も少ないスポーツ（仮にそれをXとしておこう）があったとする。しかし，都市においてXの競技者同士が出会う中で，そうした人の数が増えていくと，そのXのサークルやクラブが結成されていく。すると，クラブ同士での試合などが行われるようになり，また，クラブの強化などのために新規メンバーの募集などが行われるようになる。他方で，国内での統一ルールの策定や競技会の開催などのために，複数のクラブなどによって協会が結成されたりもする。また，Xの競技人口を増やし育成するために教室が開かれたり，Xの競技用具の販売や情報交換・交流などのための専門店ができることもあるかもしれない。そのようにして，下位文化を支える制度が生まれることによって，"類は友を呼ぶ"と表現できるようなメカニズム──同類結合と呼ぶこともできるだろう──が働き，下位文化の強度は増す。

　他方で，下位文化の強度は同類結合とは別のメカニズムによっても増加する。異なった下位文化を担う集団同士の衝突である。都市度が高く多様な下位文化が存在する地域においては，ある下位文化の担い手である集団は，他の下位文化集団との接触の機会も多い。そうした接触によって，下位文化の担い手集団は，自らが所属する下位文化集団がどのようなものであるのかを否応なく意識させられる。集団同士が競合した

り対立したりする場合には，自分たちの下位文化の正当性や価値につい
てより自覚的にならざるを得ないし，独自性をより明確にしたり堅持し
ようとしたりもする。このように，異なる下位文化同士が衝突すること
もまた，下位文化の強度を増大させる。

**基本命題3：場所が都市的になればなるほど，普及の源泉の数が増大
し，下位文化への普及が増大する。**

　この命題における「普及」（diffusion）とは，「ある下位文化構成員が
別の下位文化成員の行動や信念を採用すること」を指す（Fischer,
1975 ＝ 2012：141 頁）。例えば，政治的な指向性が異なる二つの下位文
化集団が対立も含んだ接触を繰り返す過程で，一方の集団が他方の集団
のファッションやデモ行進のスタイルなどを取り入れることを指す。先
の基本命題2は，下位文化同士が接触する中でそれぞれの下位文化が強
化されていく側面を論じていた。しかし，都市的な地域における多様な
下位文化の並存と接触は，各下位文化がタコツボ的にそれぞれに強化・
純化されていくことだけを帰結するのではない。この命題は，下位文化
同士が接触する過程ではしばしば，ある下位文化が別の下位文化の構成
要素を吸収することで変容を遂げていく側面を指摘している。ただし，
その方向性や吸収の程度は，両集団の規模や強度，非類似性，吸収しよ
うとする項目の有用性などによって異なる。

**基本命題4：場所が都市的になればなるほど，非通念性の発生率は高
くなる。**

　ここでいう「非通念性」とは，一般的な通念にとらわれない（＝非通
念的である unconventional）程度のことを意味する。非通念性の高い
下位文化には，非行少年の文化や大麻使用者の文化のように，法的には

逸脱現象とみなされ社会的な非難の対象とされるようなものも含まれるし，芸術や思想，政治などにおける創造的・革新的な文化など，しばしば肯定的に評価されるようなものも含まれる。この命題は，先の基本命題1，2，3から導かれる。まず，下位文化の多様性が高まれば（基本命題1），その帰結として非通念的な文化が生成される確率が高まる。また，下位文化の担い手が臨界量を超えることによって下位文化の強度が高まる過程（基本命題2）では，下位文化がその非通念性を発達させる可能性も高まる。さらに，都市度が高いほど，周辺的な文化から主流文化への普及の機会も増大することによって（基本命題3），非通念性の発生率も高まる。

　以上が，下位文化理論の基本命題である。ただし，フィッシャーはこの下位文化理論を，ある地域が都市的であることがその社会に与える効果についての理論的考察として提起しているのであって，その妥当性を実証し尽くしたうえで提示したわけではない。そのため，後続の研究者らによる検証が試みられつつある。

（2）下位文化理論の検証例

　例えば，赤枝尚樹は，大量調査のデータ[1]の分析を通じて，日本社会における下位文化理論の部分的検証を試みている（赤枝，2015）。赤枝は具体的には，個人の意識のレベルにおける非通念性を「多様性への指向」（多様な生き方を肯定し，許容する態度）と「変化への指向」（より変化を好み，新しいことを評価する態度）の2つの側面に分解したうえで，それらと都市度との関係についての分析を行っている（**図表6-1**）。
　その結果からは，まず，多様性への指向については，その地域の都市度が高いほど，また，人口移動が激しい（人口の流出入の程度が大き

1）下位文化理論の検証のために行われた調査ではなく，様々な学術的関心からの分析が可能なように設計・実施された「日本版総合的社会調査」（JGSS）の2003年調査のデータである。

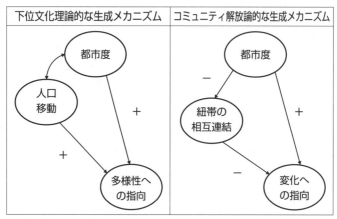

出典）赤枝尚樹（2015），184頁

図表6-1　多様性への指向と変化への指向の規定構造

い）ほど高まることが確認された。また他方で，都市度が高いほど「変化への指向」が高くなる一方，都市度が高いほど，その人が相談できる相手が互いに知り合いである程度（紐帯の相互連結）が低くなり，かつ，紐帯の相互連結が低いほど「変化への指向」も高くなること，さらには人口移動の程度は「変化への指向」には影響を与えていないことが確認された。つまり，都市度の高さは「多様性への指向」「変化への指向」の両方を高める効果を持つが，そのメカニズムは同一ではなく，「多様性への指向」は（下位文化理論の基本命題1の後段で触れられた）人口移動の活発さによってもたらされており，「変化への指向」は，「コミュニティ解放論」（第5章参照）で示された，友人関係の空間的解放の程度によってもたらされている。この点から，都市における非通念性の程度の上昇という事実には，下位文化理論のメカニズムとコミュニティ解放論のメカニズムの両方が作用していることを赤枝の分析は示唆しているのである。

　ただし，この赤枝の分析が下位文化理論の部分的な検証である点には注意を払っておきたい。まず，赤枝の分析における従属変数は，個人の意識レベルにおける非通念性を示す変数であり，それがそのまま都市における下位文化の非通念性を意味するわけではない。また，赤枝は非通念性を「多様性への指向」と「変革への指向」という2つの側面に分けて分析しているが，非通念性についてはそれ以外の側面も考えられるかもしれない。また赤枝は，「多様性への指向」に相当する変数としては調査項目における "離婚に対する態度" と "結婚後子どもをもたないことへの態度" を合成した変数を，また，「変化への指向」としては政治的な保革意識に関する変数をそれぞれ用いている。既存調査のデータセットから分析目的にできるだけ適合的な変数を選定するという前提のもとではこれはやむを得ないことであるが，これらの変数がそれぞれの指向を測定するうえで唯一の妥当な変数であるわけではない（例えば一から調査設計を行うことが可能なのであれば，「多様性への指向」の指標として外国人や同性婚に対する寛容度を用いるということも考えられる）。つまり，下位文化理論について計量的に検証しようとした場合，非通念性をどのように定義し，どのように測定するのかという点だけでも，まだ様々な可能性があるのである。

　また別の検証例を挙げよう。田村公人（きみひと）は，下位文化理論の基本命題2の検証を念頭に，東京の小劇場の舞台俳優達を対象とした長期間にわたる調査を行っている。その結果，田村は，下位文化と他の下位文化との「衝突」が下位文化の「強化」を必ずしも帰結せず，逆に一方の下位文化を淘汰する効果をもたらす場合があることを明らかにしている（田村，2015）。田村が行ったのは，都市の多様な下位文化の中の一部分についての質的な調査研究であり，その知見がそのまま下位文化理論の命題の一般的な検証につながるわけではない。しかし，田村が行ったこと

は，フィッシャーが基本命題において提示している多様な下位文化の生成，維持・強化等のメカニズムの「穴」を突くことによる，理論の精緻化のための試みの一つと考えることができる。

　下位文化理論は，都市が多様で非通念的な下位文化を生み出すという事実について包括的な説明を与えようとした試みであるために，各命題の抽象度も高い。そのため，どの命題のどの点について，どういった水準で，どういった方法で検証を行うかには相当の幅がある。その意味では，下位文化理論はストレートな検証が難しい理論でもある。にもかかわらず下位文化理論が社会学者の間でそれなりに注目を集めてきたのは，都市が人々を引きつけてやまない（と考えられてきた）独自の魅力を下位文化の多様性という切り口から捉えようとしている点にあるのではないだろうか。

3. 下位文化の多様性と都市

　下位文化理論には様々な検証の余地があるものの，少なくとも1980年代まで，都市は多様で非通念的な下位文化を生み出す場として，社会の中では特別な位置を占めると考えられてきた。しかしながら，都市の持つそうした特別さは，近年は薄れてきているようにも見える。背景にあるのは，1990年代後半以降のインターネットの普及である。フィッシャーが下位文化理論を提起した1970年代，人口が少ない地域，フィッシャー流に言えば都市度が低い地域に住んでいる個人が，自分と趣味や志向，問題関心を同じくする人々と同じ地域の中で知り合う機会は現在よりもずっと限られていた。だからこそ，進学や就職を契機とした移住であれ，冒頭で紹介した『下妻物語』の桃子のように「通う」という形態であれ，「都会へ出る」ということは，「田舎」ではなかなか出会うことができない「同志」や下位文化に接する機会を求めることを意

味する場合もしばしばあった。しかし，インターネット技術を基礎とし
たソーシャル・ネットワーク・サービス（SNS）の普及は，対面的に接
触しなくとも，また，互いがどこに住んでいるかに関わりなく，「同志」
と出会い，つながりを維持する機会を飛躍的に増大させた。通信インフ
ラが整備されてさえいれば，同じ趣味や問題関心を持った人々同士が出
会うためだけならば，わざわざ都市へ出て行かなくとも，インターネッ
ト上で自分が関心のあるキーワードで検索をかけてヒットした掲示板や
SNS上のサークルに参加すれば，簡単につながることができる。「田舎」
の店ではなかなか売っていないような特殊なモノであっても，現代で
は，インターネット上のショッピングモールで専門店にアクセスすれ
ば，クリック一つで購入できて自宅まで届けてくれる。もはや，多様で
非通念的な下位文化を生み出す「場」は，都市という物理的な空間から
インターネット上の電子空間にとって代わられつつあるようにも見
える。
　しかし，物理的な空間としての都市に多様な人々が居合わせることが
下位文化にもたらす影響にもまだまだ無視できない点があるのではない
だろうか。例えば，ある価値や思想に共鳴する人々が行うデモ行進や抗
議行動のような活動では，誰にでも開かれた公共空間である街頭にその
活動の主体が集まり身体をさらしながら，その場を行き交う多種多様な
人々への呼びかけやビラ配りなどのアピールが行われる。「通行人」の
中には，眉をひそめて，あるいは一瞥しただけで通り過ぎる人も少なく
ないかもしれないが，中には，飛び入り的にその行進やアピールに参加
する人もいるだろうし，逆に，その活動や主張に抗議し始める人もいる
ことだろう。都市の街頭という不特定多数の人が集まる空間であるから
こそ生じる，こうした「予期しない出会い」は，その活動や主張に再考
やさらなる工夫を促す契機となることもあるだろうし，逆に，「飛び入

り」参加した人を新たな担い手として迎え入れる契機となることもあるだろう。また，こうした活動に触発されてそれに対抗的な活動を自ら始めるようになる人も出てくるだろう。

　このように，多様でときには相反する指向を持った人々同士の偶発的な接触——それは「同類結合」とは限らない——は，下位文化の変容や革新をもたらしもする。もちろん，そうした「予期しない出会い」の機会がインターネット上に全く存在しないわけではないだろう。2020年の新型コロナウイルス COVID-19 の世界的な感染拡大以降，感染拡大の防止策として多数の人々が同じ場所に集まること自体が社会的に抑制されるようになった。ホールや劇場，集会所などの，都市の多様な文化を支えてきた空間も休止や閉鎖を余儀なくされた。その代わりにインターネット上の web 会議システムなどを駆使した web 上での配信イベントや集会の開催も一般的になりつつある。それでも，対面で集まることに対する人々の希望は消失していない。私たちが身体を持った人間であり，日常生活の中での対面的な接触が（減ったとはいえ）それなりの比重を占めてきた以上，都市がもたらす「予期しない出会い」の機会がネット上のそれに完全にとって代わられることはないのではないだろうか。

1. 下位文化理論の各命題で説明ができる身近な現象にはどのようなもの
　　 があるのか，考えてみよう。
2. 下位文化理論の命題を自分が検証するとした場合，どのような方法が
　　 あるのか，考えてみよう。

参考文献

Fischer, C. S.（1975）"Toward a subcultural Theory of urbanism", *American Journal of Sociology*, 80（6）：1319-1341.〈＝広田康生訳（2012）「アーバニズムの下位文化理論に向かって」森岡清志編『都市社会学セレクション第2巻　都市空間と都市コミュニティ』日本評論社：127-164.〉

Gans, Herbert J.（1962）"Urbanism and Suburbanism as Ways of Life：A Re-Evaluation of Definitions", in Rose, A.M.（eds.）, *Human Behavior and Social Processes*, Boston：Houghton-Mifflin：625-648.〈松本康訳（2012）「生活様式としてのアーバニズムとサバーバニズム」森岡清志編『都市社会学セレクション第2巻　都市空間と都市コミュニティ』日本評論社：59-87.〉

赤枝尚樹（2015）『現代日本における都市メカニズム―都市の計量社会学』ミネルヴァ書房

嶽本野ばら（2002）『下妻物語―ヤンキーちゃんとロリータちゃん』小学館

田村公人（2015）『都市の舞台俳優たち―アーバニズムの下位文化理論の検証に向かって』ハーベスト社

7 | 都市の空間構造

北川由紀彦

《目標＆ポイント》 都市社会学が関心を寄せてきた点の一つに地理的な空間
と社会との関係がある。この章では，都市の空間構造についての代表的なモ
デルである同心円地帯モデルとその意味，さらに同心円地帯モデルについて
の批判的検討から生み出されてきた扇状地帯モデルと文化生態学派の議論，
さらに社会地区分析と呼ばれる分析手法の考え方などについて解説する。
《キーワード》 居住分化，同心円地帯モデル，扇状地帯モデル，文化生態学
派，社会地区分析，GIS

1. 都市の同心円地帯モデル

　都市社会学が関心を寄せてきた点の一つに，地理的な空間と社会との
関係がある。ひとくちに「都市」と言っても，その内部の空間は一様で
はない。オフィス街もあれば繁華街もあるし工場街もある。「住宅地」
と言っても，昔ながらの戸建て住宅が密集している下町的な風情あふれ
る住宅地もあれば，マンションなどの近代的な集合住宅が連なる郊外住
宅地もある。都市空間は，こうした特徴ある様々な地区によって構成さ
れたモザイク画であるとも言える。

　では，都市内部の空間の構成のされ方，すなわち空間構造には，どの
ような法則性があるのか，また，都市が拡大していく際，そのような空
間構造はどのように変わっていくのか——こうした問いに対して，シカ
ゴ学派のバージェス（Burgess, E. W.）は，シカゴ市の空間構造を検討
して一つのモデルを導き出した。それが都市空間の同心円地帯モデル

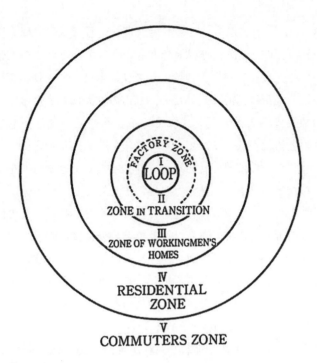

（出典：Burgess, 1925）

図表7-1　都市の成長

（同心円地帯仮説）である（**図表7-1**）。このモデルでは，都市空間は
同心円的な構造をもち，また，都市の拡大は同心円の拡大過程として展
開されるということを示している。順に解説していこう。

　まず，この図を，シカゴ市を真上から見下ろした図だと思ってほし
い。同心円の中心，図中では「Loop」（シカゴ市内を走る鉄道の環状線
の通称）と書かれている円の内側は，いわゆる都心にあたり，中心業務
地区（Central Business District / C.B.D.）となる。オフィスビルや商
業施設などが集中する地区である。そしてそのすぐ外側に工場地帯

（Factory Zone）が広がる。この工場地帯を含む2つ目の同心円が遷移地帯（Zone in Transition 推移地帯ともいう）である。この地帯は，低所得者が住む低質なアパート地帯で，スラム街としての様相を呈する。なぜか。この地帯は都心に近いため，都市の拡大にともなっていずれ再開発の対象となることが見込まれている。そのためアパートの所有者は，建物の老朽化が進んでいてもその修繕や改修は手控えつつ，再開発によって有利な条件で建て替えたり売り払ったりできる時期を待っている。そうしたアパートは，住宅としての質が低下している分，家賃が安く設定されるため，シカゴに移住してきてまもない移民などの低所得者が集中する地帯となるのである。そしてその外側に広がるのが，遷移地帯の工場などに通勤するブルーカラー労働者の住宅地帯（Zone of Workingmen's Homes）である。そしてその外側に広がるのが，ブルーカラー労働者よりもさらに経済的に余裕のあるホワイトカラーなどの住宅地帯（Residential Zone）である。さらにその外側に広がるのが（1920年代当時において自動車の保有が可能であるほどの）富裕者がゆったりした敷地に家を構えて静かに生活する郊外住宅地である「通勤者地帯」（Commuters Zone）である。つまり，この図は，都心からの距離と経済的条件に応じて都市の中で人々の住み分け（居住分化）がなされている構造を示しているのである。

　このモデルは，ある時点における都市の静態的な空間構造を示していると同時に，2つの動態すなわち変動の様相をも示している。一つは，住民の階層の上昇移動にともなう居住地の移動である。都市に移住してきてまもなく経済的に余裕がない人々は遷移地帯の低質な住宅に住む（しかない）が，安定してより高い所得が得られるようになり階層的な上昇移動を遂げる（それはときには親・子・孫といった世代をまたぐ移動となる場合もある）と，よりよい住宅を求めて，その外側へ外側へと

居住地を移していく，という動態である。もう一つの動態は，都市それ自体の拡大という変化である。都市が拡大していく際，遷移地帯が中心業務地区に変化していくと，その外側の労働者住宅地帯が遷移地帯へと変化し，その外側の住宅地帯が労働者住宅地帯に変化し…という具合に，同心円構造自体は維持されたまま，それぞれの地帯が外側へと広がっていく，という動態である。

2. 同心円地帯モデルの批判と検証

　この同心円地帯モデルは，バージェスがシカゴという具体的な都市において観察された空間構造に着想を得て，それをモデル化したものである。**図表7-2**は，同心円地帯モデルを当時のシカゴの地図に重ね合わせた図である。図の真ん中を縦に走っている太線はミシガン湖の湖岸線である。実際のシカゴ市は，ミシガン湖によって東部への拡大ができないため，きれいな同心円の形をしているわけではなく，同心円の右側が湖岸線に沿って押しつぶされたような形になっている。同心円地帯モデルはあくまでも抽象的なモデルであって，具体的な都市においては，同心円的な空間構造は，海や山，湖や川などの地理的条件によって変形を余儀なくされるのである。一方，この図の左側には，当時のシカゴの特徴的な地区の名称（通称）が書き込まれている。これらの具体的な地区に共通する特徴と，そうした地区がシカゴ市の中で空間的にどのような位置にあるのかを検討し抽象化することで，バージェスは同心円地帯モデルを導き出したのである。したがって，シカゴ市に同心円地帯モデルが（湖によって東側がつぶれていることを除けば）あてはまることは，当然といえば当然なのである。

96

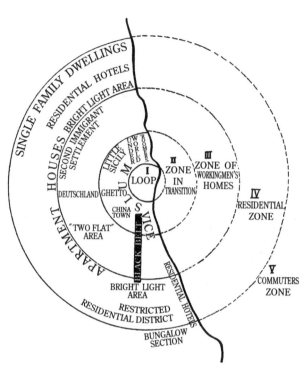

（出典：Burgess 1925）
引用者注）図中の地名（当時の通称）の意味は，以下の通り。Roomers：下宿屋街，
Underworld：暗黒街，Black Belt：黒人集住地区，Little Sicily：イタリアのシチリ
ア島出身者の集住地区，Vice：風俗街，Ghetto：ユダヤ人街，Deutschland：階層的
に上昇しゲットーから離脱したユダヤ人が住むドイツ風の住宅地，Two Flat
Area：二階建住宅地域，Apartment Houses：高級賃貸マンション街，Bright Light
Area：街頭が明るく輝く地域＝中産階級以上の集まる繁華街，Residential Hotels：
居住用ホテル地帯，Restricted Residential District：階級的・人種的に差別化された
高級住宅街，Bungalow Section：田園風の住宅街

図表7-2　都市の諸地区

■扇状地帯モデル

　問題になるのは，こうしたモデルがシカゴ以外の都市についてもあて
はまるのかどうか，言い換えれば，同心円地帯モデルはどの程度一般性
を持つのか，ということである。この点に関して，米国の連邦住宅局の
職員であったホイト（Hoyt, H.）は，アメリカの128の都市における高
級住宅地の分布とその時間的推移について分析を行い，扇状地帯モデル
（セクターモデルともいう）というモデルを提起した（Federal Housing
Administration, 1939）。**図表7-3**は，その中で示されている図の1つ
である。

　この図は，上から順に，ボストン，シアトル，ミネアポリス，サンフ
ランシスコ，チャールストン，リッチモンドの6市において高級住宅地
（図中で黒く塗られている部分）がどのように変化していったのかを示
している。各都市について時間の経過を左から右に見ていくと，高級住
宅地は，都心から全方位に移動・拡大しているのではなく，都心から特
定の方向へおおむね扇状に移動・拡大していることが分かる。この移
動・拡大の方向は，都心から郊外へと伸びる幹線道路や鉄道などの交通
網に沿っており，宅地開発などがこの交通網に沿って行われるために，
高級住宅地の移動・拡大も特定の方向へ向かって起こっている。つま
り，同心円地帯モデルが示すような「全方位への」同心円的な都市の拡
大は実際の都市においてはほとんど起こらないということを示している
のである。一方で，ホイトの分析は，「都市内部の地区は都心から外側
へと押し出されるように移っていく」という都市の拡大の過程自体はお
おむね妥当するということも結果的に確認している。そのため，この扇
状地帯モデルは，同心円地帯モデルを現実の物理的環境（交通網）に即
して修正したモデルであるとも言える。

98

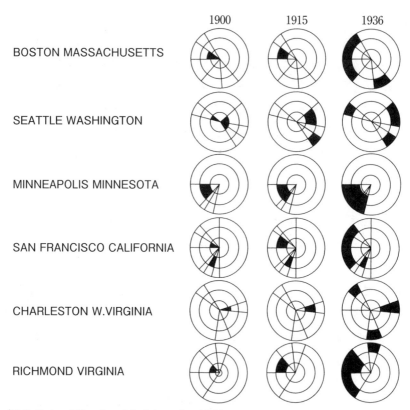

（出典 Federal Housing Administration 1939）

図表7-3　アメリカの6つの都市における高級住宅地の立地の変化（1900-1936年）

■文化生態学派

　都市の空間構造や拡大過程についての同心円地帯モデルや扇状地帯モデルは基本的に，都心からの距離と地価や家賃，住民の経済的地位のような経済的要素に注目して説明するモデルである。これに対し，のちに文化生態学派と呼ばれるようになる人々からは，経済的要素には還元で

きない文化的要素が空間編成にもたらす影響の重要性が指摘されている。その代表的な論者の一人にファイアレイ（Firey, W.）がいる。彼は，都市の空間構造には，経済的要素のみでは説明できない場合があることを，アメリカのボストン市内の3つの地区を例に挙げながら示した（Firey, 1945 = 2012）。

1つ目は，ビーコンヒルという高級住宅地区である。この地区は，都心に近い場所にありながら再開発を免れ，ファイアレイが調べた時点においてすでに150年間も一貫して高級住宅地であり続けてきた。ファイアレイによれば，この住宅地は，その古風で趣に満ちた住宅街としての美しさや，著名な文学者などが住んでいたという歴史性，さらに住民たち自身が世代を重ねて住み続けてきたという事実によって，住民たちによって非常な愛着を持たれてきた空間であるという。さらに，そうした地区への愛着から，住民たちは，地区内でやむを得ず家を手放す住民が現れたときには，空き家となった住宅を買い取り，外装は変えずに内装のみを新しくして次の入居希望者に売り渡すなどして，趣ある街の雰囲気を守った。さらに住民たちはビーコンヒル協会という組織を立ち上げ，ビーコンヒルが商業地として開発されることを防ぐための建築規制などを市に対して働きかけて実現させ，実際に商業開発を阻止してきた。ビーコンヒルという空間に対する住民たちの愛着に基づく活動の積み重ねによって，ビーコンヒルは中心業務地区に飲み込まれないで高級住宅地としての特徴を維持し続けてきたのである。

ファイアレイが挙げる2つ目の例は，ボストンコモンという大きな公園（およびこの公園に隣接する古くからの墓地）である。この公園は都心部にあり，中心業務地区にも食い込んでいる。そのため，商業的な再開発の妨げになっているし，都心部の交通渋滞の元凶にもなっている。それでもこの公園が開発されずに公園として存続し続けているのは，ボ

ストン市の憲章や州法その他の法規制によって，公園内に建物を建てたり道路や線路を通したりすることが禁止されているからである。実はこのボストンコモンは，公園であると同時に，アメリカの歴史に関わる様々な歴史の舞台となった場所でもあり，公園内にはたくさんの史跡や記念碑がある。つまりボストンコモンは，ボストン市の，ひいてはアメリカの歴史が刻まれた空間であるために市民にとっても誇るべき／守るべき象徴的な空間となっており，それゆえに再開発が抑止されているのである。

　3つ目の例は，ノースエンドというイタリア系移民が大半を占める（当時は）スラム街である。ファイアレイによると，この地区から転出していく住民の割合を見ると，世代ではイタリアで生まれアメリカに移住してきた移民第一世代の割合が低く，年齢層では中年以上の年齢層の割合が低い。これは，家族やパエサニ（同村出身者）との日常的なつながりを大切にし，互いにできるだけ近所にかたまって住むことを望ましいとするイタリア的価値を，イタリア生まれの世代が強く保持しているために，結婚したり経済的上昇を遂げたりしてもできるだけ家族等がいるノースエンド内に住み続けようとしてきたことの結果であるという。同心円地帯モデルの説明図式によれば，住民は経済的に豊かになれば，より条件のよい（その分家賃が高い）住宅を求めて都心から外側へと転居していくとされるが，イタリア的価値のような居住地選択における文化的な要素によっては，人々は経済的に豊かになっても特定地区に居住し続けようとするということも起こるのだ，ということをノースエンドの例は示しているのである。

　ここまで紹介してきた3つの例のように，特定の空間に対して人々が文化的に特別な愛着や思い入れを持っている場合には，都市が拡大しても再開発などに飲み込まれることなく，その地区の特徴が維持され続け

る場合がある——経済的要素を基本的な説明原理とする同心円地帯モデルでは説明がつかない現象がある——ということをファイアレイは示したのである。

　また，同じく文化生態学派の1人とされるヨナッセン（Jonassen, C. T.）は，ノルウェーから移民として渡ってきた人々の集住地区がニューヨーク市内においてどのように移動してきたのかを分析している（Jonassen, 1949）。それよれば，1830年頃に最初にノルウェーから移民としてニューヨークに定住するようになった人々は，もともとノルウェーで漁師や船員などの仕事を通じて海と密接に関わってきたという背景から，造船や港に関係した仕事に従事し，そうした職場に近接した（ニューヨークの）マンハッタン島南部の，海に近い地区に集住していた。その後，ノルウェー以外からの移民の流入などによってその地区から押し出されると，南下してブルックリン地区の海沿いへと移住し，その後も他国からの移民に押し出されるたびに，水辺に近く比較的自然が豊かな地区に移り住んできた。ヨナッセンによれば，ノルウェー系移民のこうした居住地の移動パターンは単なる偶然ではなく，彼・彼女らが，生まれ育ったノルウェーに似た水辺の地区を好み，移住先であるニューヨークという土地においてもそうした地区に住むことに高い価値を置くという文化を保持してきたことの結果だという。ヨナッセンの研究も，経済的要素に還元できない文化的な要素が，単純な同心円地帯モデルでは説明がつかない現象を生み出していることを示しているのである。

　なお，米国の都市は，（先住民を追い出したうえで）更地に新規に建設されている場合が多いため，経済的要素の影響力が強く，先の扇状地帯モデルがおおむね妥当することが確認されている。ヨーロッパや日本も含むアジアの都市の空間構造について考察する場合でも，もちろん地

価のような経済的要素は重要である。しかし，古代や中世以来の長い歴史を持つ都市には，歴史的経緯の中で人々が抱いてきた特別な愛着や，社会的・政治的な経緯などを踏まえないと説明がつかないような地区が少なからずある（例えば，東京の都心には何があるだろうか）。したがって，個別の都市の空間構造について考察する際には，そうした文化的要素にも注目することが重要であるということを，文化生態学派の指摘は教えてくれる。

3. 社会地区分析とGIS

　ここまで紹介してきた同心円地帯モデルや扇状地帯モデルは，具体的な都市の空間構造を検討することから導き出されてきたモデルであるが，その後は，より包括的に都市の空間構造を分析しようという試みもなされてきている。シェヴキィとウイリアムズ（Shevky, E. & Williams, M.）はロスアンジェルスについて国勢調査の様々なデータを統計区（census tract）[1] ごとに集計したうえで，どの地区とどの地区が特性が似通っているのかを浮かび上がらせる，社会地区分析（social area analysis）という手法を開発し（Shevky & Williams, 1949），さらにシェヴキィはベル（Bell, W.）とともにサンフランシスコについても社会地区分析を行っている（Shevky & Bell, 1955）。その分析の基本的な考え方を大胆に簡略化して示すと次のようになる（**図表7-4**）。例えば，ある都市が図の上部のようにAからFまでの6つの地区によって構成されているとする。このそれぞれの地区について，出生率，専門職従事者比率，白人比率に関する統計データを集めて整理したところ表のような結果になったとする。この表で見ると，A地区とC地区は，出生率が非常に高く，専門職従事者比率が低く，白人比率がやや高いという共通した特徴をもっていることが分かる。また，同様に，B地区とD

1）米国において国勢調査のために設定された細かい地区割り。

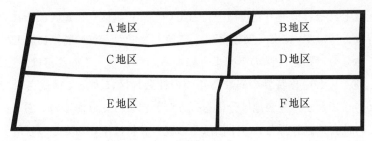

	出生率	専門職比率	白人比率
A地区	＋＋＋	－－	＋
B地区	－－	＋＋＋	＋＋＋
C地区	＋＋＋	－－	＋
D地区	－－	＋＋＋	＋＋＋
E地区	＋＋	＋＋	＋＋
F地区	－－	＋	－－

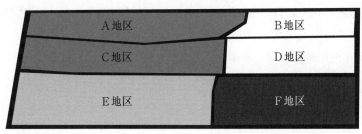

（出典：北川作成）

注）表中の「＋」の数は平均よりも高い程度を，「－」の数は平均よりも低い程度
を示す。例えば，「＋＋＋」とある項目は値が平均よりも際立って高いことを，「－」
とある項目は平均よりもやや低いこと意味する。

図表7-4　社会地区分析の基本的な考え方

地区はそれぞれ似通った特徴を持っていて，E地区，F地区はそれぞれに特徴を持っていることが分かる。こうしたそれぞれの特徴に応じて地図を塗り分けると，図の下部ようになる。つまり，この都市は，AC，BD，E，Fという特性の異なる4つの社会地区によって構成されているということが，社会地区分析を行うことによって分かるのである。

　この社会地区分析という手法はその後，分析に用いる変数（統計データ）をあらかじめ限定せずに，多数の変数を収集して因子分析と呼ばれる手法を用いて空間を特徴づける要素を探る因子生態学という研究へと引き継がれた（倉沢編，1986）。そして1980年代からは日本でも，因子分析やクラスター分析という手法を用いた都市空間構造の分析が行われるようになってきている。その成果は多岐にわたるが，例えば倉沢進らによる1970年時のデータを用いた東京23区の分析によれば，土地利用の面では，都心部が市街地をなしそれを取り囲んで住宅地が広がるという同心円的構造を示していること，居住分化の面では西部にホワイトカラー職従事者の居住比率が高く，東部および南部においてブルーカラー職従事者の比率が高いという扇状の構造が存在することなどが明らかとなっており（倉沢編，1986），その後も分析が積み重ねられてきている（倉沢・浅川編，2004；橋本・浅川編，2020；浅川，2022）。

　1990年代までは，こうした分析を行うためには，各種の統計データを紙の報告書から拾いあげてパソコンに入力して整理し，専門的な統計分析ソフトウェアや高価で専門的な地図ソフトウェアに投入する，という作業が必要であったため，膨大な労力と予算が必要で，個人で行うことはほとんど不可能だった。しかし近年では，地図上にデータを表現する技術であるGIS（Geographic Information System 地理情報システム）の開発・普及が進み[2]，統計データや地図情報の電子化も進んだため，

---

2) 個人でも利用可能な無料のGISソフトウェアとしては，地理学者の谷謙二が開発した「MANDARA」や，オープンソースの「QGIS」などが挙げられる。初心者には「MANDARA」のほうが使いやすい。その使用方法については，例えば谷（2022）による入門書がある。

個人レベルでもそうした情報を入手・活用した空間構造の分析ができる
ようになりつつある。さらに近年では，政府によって「RESAS」
（Regional Economy and Society Analyzing System 地域経済分析シス
テム）（https://resas.go.jp/）や「地図で見る統計（jSTAT MAP）」
（https://jstatmap.e-stat.go.jp/）というシステムも提供されている。こ
うしたシステムでは，特別なソフトウェアを用いなくても web ブラウ
ザ上で，様々な統計データを地図上に表現することがある程度までは行
えるようになってきている。かつては，都市の空間構造の分析において
は，統計データなどの社会に関する情報を地理空間と紐付けて地図に表
現する──「地図を描く」ということ自体が大きな比重を占めていた。
しかし現在では，「地図を描く」ことに要する労力が減った分，「描いた
地図からどのような知見を読み取るか」が重視される段階に入りつつ
ある。

1. あなたが住んでいる地域は空間的にはどのような構造になっているか，地図を見ながら考えてみよう。
2. 「RESAS」(https://resas.go.jp/) や「地図で見る統計（jSTAT MAP)」(https://jstatmap.e-stat.go.jp/) のサイトにアクセスしてみて，どのようなことができるのかを調べてみよう。

参考文献

Burgess, E. W. (1925) "The Growth of the City：An Introduction to a Research Project", Park, Robert E. & Burgess, Ernest W. (eds.) *The City：Suggestions for Investigation of Human Behavior in the Urban Environment*, Chicago：The University of Chicago Press：47-62.〈＝松本康訳（2011)「都市の成長—研究プロジェクト序説」松本康編『都市社会学セレクション1　近代アーバニズム』日本評論社：23-38.〉

Federal Housing Administration (Hoyt, Homer) (1939) *The Structure and Growth of Residential Neighborhoods in American Cities*, Federal Housing Administration.

Firey, Walter (1945) "Sentiment and Symbolism as Ecological Variables", *American Sociological Review*, 10：140-148.〈＝松本康訳（2012)「生態学的変数としての感情とシンボリズム」森岡清志編『都市社会学セレクション第2巻　都市空間と都市コミュニティ』日本評論社：39-58.〉

Jonassen, C.T. (1949) "Cultural Variables in the Ecology of an Ethnic Group", *American Sociological Review*, 14：32-41.

Shevky, Eshref & Bell, Wendell (1955) *Social Area Analysis：Theory, Illustrative Application, and Computational Procedures*, Redwood：Stanford University Press.

Shevky, Eshref & Williams, Marilyn (1949) *The Social Areas of Los Angels*, Barclay：University of California Press.

浅川達人（2022)『都市を観る—社会地図で可視化した都市社会の構造』春風社

倉沢進編（1986）『東京の社会地図』東京大学出版会

倉沢進・浅川達人編（2004）『新編 東京圏の社会地図 1975‑90』東京大学出版会

谷謙二（2022）『フリーGIS ソフト MANDARA10 入門 増補版―かんたん！オリジナル地図を作ろう』古今書院

橋本健二・浅川達人編（2020）『格差社会と都市空間―東京圏の社会地図 1990‑2010』鹿島出版会

8 都市類型と社会構造

北川由紀彦

《目標＆ポイント》　一口に「都市」といっても，その歴史的経緯や経済的基礎は様々である。この章では，都市の社会構造を把握するための概念装置の一つである都市類型の考え方とヴァリエーションについて論じるとともに，都市類型を用いた社会構造の分析例として，消費都市，産業都市の社会構造の分析例を紹介する。
《キーワード》　都市類型，前産業型都市，消費都市，産業都市

1．都市類型論

　都市や地域を対象とした社会学的研究の目的の一つとして，その対象となる都市・地域の社会構造の解明が挙げられる。「社会構造」という言葉は，社会学においても様々に定義され用いられているが，ここでは，ある一定の空間的範域をもった社会（地域社会）における，その構成要素，端的には住民によって構成された集団相互の関係のパターン，と定義しておきたい。

　しかし，ひとくちに住民といっても，その構成は一様ではない。働いている人もいれば，すでに定年等で仕事をリタイアしたり家事労働に従事したりしている人もいる。また，働いている人に限定してみても，もっぱら事務所でデスクワークに従事する人もいれば，工場や建設現場で肉体労働に従事する人もいるし，商店や飲食店で接客や販売の仕事に従事する人もいる。働いている事業所の規模や働く形態（正規雇用なの

か，非正規雇用なのか，自営業主なのか等）も様々だろう。そのような多様な住民それぞれの利害関心も，その都市・地域に及ぼしうる影響力の程度も，一様ではない。また，そもそもある都市や地域がどういった住民層によって構成されているか（これを社会構成という）も様々である。

　他方で，「都市」と一口に言っても，その形成の歴史的な経緯も，その経済的な基礎や政治的な位置づけも一様ではない。例えば，ギリシャのアテネやイタリアのローマ，中国の西安（かつての長安），日本の京都などのように，産業革命よりもはるか昔から都市的様相を呈していたものもあれば，産業革命が起きて以降，急速に人口が増加し都市となったものもある。

　したがって，ある都市の社会構造を把握しようとする場合，その社会構造が成立する条件として，その都市がどのような特徴をもった都市であるのかに注目をする必要がある。このとき，都市をいくつかの特性に基づいて類型化する，つまり都市類型を設定するという作業が必要になる。

　どういった特性に注目して都市類型を設定するのかについては，論者・研究によって幅がある。というのは，都市類型は，それを設定すること自体が目的なのではなく，都市の社会構造についてより深く理解するための道具であるためである。とはいえ，研究者にある程度共有されている類型が全く存在しないわけではない。

　まず，在来都市と新興都市という類型がある。われわれは都市というと工業化（industrialization）をすでに終えた現代社会の都市の姿を想定しがちであるが，多数の人びとが密集して生活する集落という意味での都市は，産業革命以前にも存在してきた。先ほど挙げたアテネやローマ，西安や京都などがそれである。G. ショウバーグ（Sjoberg, G.）は，

この，産業革命以前から都市であった集落を，前産業型都市（pre-industrial city）と呼んだ。ショウバーグによるこの前産業型都市という発想に示唆を受けた倉沢進は，日本の都市の社会構造の成立条件を考えるにあたって，明治維新によって近代国民国家が樹立される以前，封建制の時代から都市であったか否か，という点に注目した。この観点から設定されたものが，在来都市と新興都市という類型である。

　他方で，その都市の経済的な基礎が物資の生産にあるのか，それとも物資の消費にあるのか，という観点からの類型として，産業都市（工業都市 industrial city）と消費都市という類型がある。消費都市の典型例としては，江戸時代あるいはそれ以前からの城下町を挙げることができる。城下町においても工業的な生産が全く行われていなかったわけではないが，城下町は，大名やその家臣という政治的支配者の居住地でもあり，その後背地である農村などから年貢などの形で徴収され集積された物資が消費されることにその経済の重心が置かれていた。日本の在来都市全体を見回した場合，城下町を前身とした消費都市が少なくなく，またそれが現在では都道府県の県庁所在都市となっている場合も少なくない。

　2節，3節では，（在来都市でもある）消費都市と，（新興都市でもある）産業都市それぞれの社会構造の分析を試みた先駆的な研究を紹介しておきたい。なお，いずれの研究も，1960年前後に行われたものであるためやや「古い」という印象を持つかもしれないが，現在の様々な都市の社会構造について考察をする際の準拠点として現在もなお有用なのであえて取りあげた。読者もそのようなものとして——例えば自分が住んでいる都市や地域の社会構造はここで紹介されているものとはどういった点でどの程度異なっているのか，またそれはなぜなのかと考えながら——読み進めていってほしい。

2. 伝統消費型都市の社会構造

　先に述べたとおり，日本の消費都市の大半は江戸時代あるいはそれ以前の城下町に起源を持つ。倉沢はこれを伝統消費型都市と呼び，その一例として，徳島市を取り上げてその社会構造について考察を行っている（倉沢，1968）。

　倉沢はまず，当時の徳島市においては，地元企業のみならず，県庁や中央政府の出先機関，東京や大阪に本社を持つ大企業の支社や支店等もまた経済的に大きな位置を占めていることを確認する。そのうえで，どのような人々によって市の人口が構成されているのか（社会構成）に注目し，統計データ等から，**図表8-1**に示されているように，名望家層

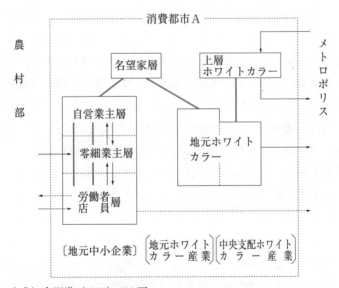

出典）倉沢進（1968），90頁

図表8-1　消費都市の社会構成と移動の仕組み

（教養や財産，家柄などの点で高い社会的威信を持ち，高い社会的名誉を享受する人），上層ホワイトカラー，地元ホワイトカラー，自営業主層・零細業主層，（ブルーカラー）労働者・店員層という層を抽出し，それらの間の関係について考察している。

　まず，ホワイトカラーの職場は，①中央政府の出先機関や大企業の支社等と，②自治体や地元資本の事業所とに大きく分かれる。①では，上級の地位は，本省や本社から派遣されてくる幹部や幹部候補生（図中の上層ホワイトカラー）によって占められていて，地元出身者には開かれていない。地元採用のホワイトカラーは，②で働くか，①で働く場合でも昇進の限度は限られているため，上層ホワイトカラーとの間には断絶がある。上層ホワイトカラーの多くは，転勤によってたまたま徳島市に派遣されているだけであり，その多くは数年単位で他の地域へと再度転勤していくために，徳島市との関わりはさほど強くない。他方，名望家層——徳島市の場合，藍商や地主を出自とする経済的実力者であって明治初期に地方銀行や海運会社，酒造業等に資金を投じた人々——は，いくつもの事業に関係し，時には企業グループをなし，商工会議所等を通じて相互に接触することによって，地元の「上流社会」を形成している。この名望家層は，縁故関係や地域集団の網の目を通じて，地元ホワイトカラーや自営業主層に対して様々に影響力を行使する。

　自営業主層は，経営の成功・拡大によって名望家層への仲間入りを目指そうとする。地元中小企業で働くブルーカラー労働者や店員は，周辺農村などから就職によって市内に流入してきた人々である。彼／彼女らは，雇用先の家族的経営のもとで雇用主の価値観を受け入れ，事業主として独立することを目指す。しかし，市の経済規模には，同じ市内での独立開業／のれん分けを許容するだけの余裕がないため，独立を契機としてより大規模な都市へと流出していくか，家業を継いだりするために

出身村落へと帰っていく。

　各層の間のこのような関係の結果として，名望家支配体制が成立・維持されていると倉沢は言う。なぜか。名望家層は，自らが経営する企業や地域集団等を通じて都市内部において影響力を行使する。他方で，上層ホワイトカラーは，市の外部から派遣されて来てはまた外部へと出て行く一時的な滞留者であるため，地域の社会関係に積極的に参与することは少ない。地元ホワイトカラーは，最上層への移動のチャンスこそ限られているものの，都市内部では比較的良好な労働環境の下にあり，また，しばしば縁故採用のような形で入職してもいるため，名望家支配に対しては順応的となる。自営業主層にとっては，名望家層は反発の対象というよりは目指すべき目標となる。ブルーカラー労働者や店員層は，先に述べたような形でいずれは外部へと出て行く一時的滞留者の位置にあるため，名望家支配に対する脅威とはならない。その結果，名望家層が頂点に位置し，地元ホワイトカラー層や自営業主層がその体制を支える——これが，消費都市の社会構造である。

3.「Ａα型」産業都市の社会構造

　一方，産業都市の社会構造については，新明正道，鈴木広ら東北大学社会学研究室のチームが行った岩手県釜石市の分析がよく知られている（新明ほか，1959；鈴木，1959）。新明らは，日本の産業都市を二つの観点の組み合わせによって四つに類型化する。一つ目の観点は，Ａ：明治維新以後に初めて都市的形態を示すに至った都市（秩父，夕張，日立，釜石等）であるか，Ｂ：明治維新より前，幕藩体制期にすでに都市的形態を示していた都市（川崎，尼崎，四日市など）であるかという区分である。もうひとつは，α：巨大工場αが１個あってそれが都市の経済過程を完全に掌握している都市——いわゆる企業城下町——であるか，

β：複数の大・中・小の工場が都市の経済過程にそれぞれ競合・併存的に参与している都市（関や瀬戸など）であるか，という区分である。この〔A，B〕，〔α，β〕を組み合わせると，論理的には〔Aα，Aβ，Bα，Bβ〕の4つの下位類型が設定できる。ただし，日本の産業都市の場合，そのほとんどは〔Aα〕型か〔Bβ〕型である。そこで新明らは，当時の日本の階級構成と地域社会との関連を最も典型的に示す都市として，〔Aα〕型都市の一つである釜石市を分析の対象とした。

　新明らが釜石市の社会構造を分析した際の着眼点は，なぜ釜石では階級対立が先鋭化しないのか，という点であった。釜石市は，巨大工場（製鉄所）ができることによって周辺の農漁村から過剰人口を吸収し急激に膨張することで生み出された都市，つまり，純粋に産業化によって生み出された都市であった。こうした都市においては，工場で働くブルーカラー労働者が大量に集積する一方で，少数の資本家層が巨大工場の経営にあたる。素朴なマルクス主義的階級図式に従うならば，大量の労働者階級と一部の資本家階級とが存在するわけだから，階級対立が先鋭化するはずであるが，釜石市においては，そのようにはならず，製鉄所の経営者層が頂点に位置する社会構造が安定的に維持されていた。それはなぜなのか，ということである。

　新明らはまず，釜石市を構成する主要な住民層として，A層（農漁家層），B層（α社（製鉄所）従業員），C層（中小企業（農漁家含む）従業員），D_1層（α社経営者層），D_2層（中小企業経営者層）という5つの層に注目したうえで，それらの間にいかなる利害関係や相互認知があるのかについて考察を行っていく。その際，新明らは，農村社会学者の福武直（ふくたけただし）によって着想された構造分析という分析手法を援用していく。構造分析というのは，ある地域社会の社会構造を分析する際，それを「経済構造，（狭義の）社会構造[1]，政治構造」の3部分に分けて分析す

1）経済的関係や政治的関係からは相対的に独立している，社会生活に固有の関係，という意味である。

るという手法である。この手法をもとに，釜石市について，その社会構造が形成・維持されていく過程を図にまとめたものが，**図表8-2**である。図の左側は，先の5つの層の間にどのような経済的関係があるのかを示しており，右側は，釜石市において政治がどのように展開されているのかを示している。そして，両者の間にあって，経済過程と政治過程との間をつなぐ位置にある過程が，媒介過程である。なぜ階級対立が先鋭化しないのか，という問いを，この媒介過程に注目し解読していく点が，この分析の重要な点である[2]。

　具体的にみていこう。まず，釜石市の場合，いわゆる労働者階級にあたるのが，B層とC層である。しかしながら，一口に労働者階級といっても，B層とC層の間には断絶がある。a社に勤めるB層は，C層よりも相対的に良好な労働条件の下で働き，また，「a製鉄あっての釜石」という一般的な評価にも支えられ，C層に対しては優越感を抱きがちである。他方，a社が提供する手厚い福利厚生策に守られてもいるため，企業に対しては親近感も抱きがちである。さらに，三交代制の勤務シフトの中で働き，また，その多くは，古くからの市街地とは工場を挟んで反対側に位置する，a社の社宅が集中する地区に住んでいる。このように時間的にも空間的にも，C層などの一般市民とは隔絶した環境のもとで生活しているため，B層はC層との接点も希薄である。加えて，a社の労働組合も，企業の利潤を増やすことで労働者の取り分も増やそうという労使協調的な方針をとっているため労使対立は押さえ込まれる傾向にあり，中小零細企業の低位な労働条件のもとで働くがゆえに企業に対しては強い要求を出さざるをないC層の労働組合とは，なかなか足並みがそろわない。一方C層は，雇用が不安定で労働組合の組織率も低いため，労働組合としての力も弱く，「労働貴族」的なB層に対しては，しばしば反発心を抱く。農漁家であるA層は，経済的規模ではa

---

2) そのためこの議論はしばしば媒介過程論とも呼ばれる。

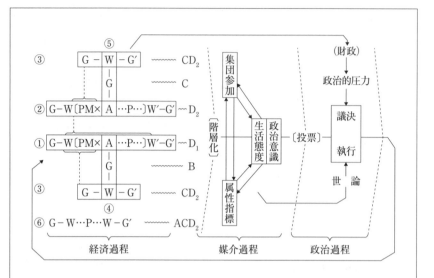

引用者注）経済過程の部分の記号はそれぞれ，G：貨幣（ドイツ語の Geld に由来），
W：商品（Ware），A：労働力（Arbeitskraft），PM：生産手段（Produktionsmittel），
P：生産過程（Produktionsprozess）を意味する。
出典：新明正道ほか（1959），11 頁

図表8-2　〔Aα〕型産業都市における社会過程の分析図式

社・D_1 層に圧倒されており，地場産業として系列化している場合もあるが，そもそも保守的意識が強いため，C層と政治的に連帯することはない。中小企業経営者層である D_2 層には，α 社の下請企業と商店主等が含まれるが，前者は下請けであるがゆえに，D_1 層に対しては従属的な地位に置かれる。後者は，B層を顧客とすることによって α 社から恩恵を被る面もある。しかし α 社は労働者の福利厚生のために社宅地区に独自に購買部を設置しており，一面では α 社と競合する関係にもあるため，D_2 層は政治的にはアンビバレントな位置に置かれる。

　各層は以上のような社会関係にあるため，「労働者」ではあっても，B層とC層とが利害を同じくする者として連帯する機会は乏しく，地域の政治も，労使協調的なB層の労働組合にも支えられ，α 社の社内票を基盤にした議員の擁立などを通じて α 社の利害を重視する形で進められる。その結果，α 社の経営者層である D_1 層を頂点とし，B層が分厚い中間層としてこれを支え，A，C，D_2 層が周辺的な位置に置かれるという社会構造が安定的に維持される。これが，いわゆる「企業城下町」である〔A α〕型産業都市の社会構造であり，そこにおいて階級対立が先鋭化しないメカニズムである。

4. 都市社会構造論の課題

　以上，消費都市，産業都市それぞれの社会構造の分析例を紹介してきた。両者の分析には細部では異なる点があるけれども，その方法には共通する点を見出すこともできる。つまり，①その都市がどのような経済的基盤を持っているのかを把握し，②どのような人々によってその都市が構成されているのか（社会構成）を把握し，③各層の間にどのような利害や影響関係が存在するのかを考察していく，という手続きである。こうした方法は，現代においても，いわゆる「地方都市」のように，あ

る程度小ぢんまりとまとまった都市・地域を分析する際には，それなり
に有効である。しかしながら，東京都や大阪市のように，そもそも人口
が巨大で多様性も高く，経済的基盤も多元的で，かつ，隣接する都市と
の間での日常的な人口の行き来も激しく，隣接する都市とともに大都市
圏と呼びうるような圏域を形成している都市では，こうした方法をその
まま適用することは難しい。

　そのような大都市の社会構造の解明のためには，はじめから住民全体
に照準するのとは別の方法が必要なのかもしれない。それは，例えば，
都市をまるごと把握することをいったん棚上げしたうえで，シカゴ学派
が行ったように，大都市内部の小地区や小集団についての濃密な調査研
究を積み重ねたうえで，それらを総合することで大都市全体の社会構造
に迫る，という方法なのかもしれない。あるいは，日本の都市社会学者
の第一世代の一人である鈴木栄太郎がかつて示唆したように（鈴木，
1957），都市内外に存在する結節機関（官庁や企業，学校など，ヒト・
モノ・カネ・情報が集散するターミナルとなる機関）に焦点を合わせた
うえで，結節機関同士の関係や，人（個人・集団）と結節機関との関係
の重層性を明らかにすることを通じて構造を浮かび上がらせるという方
法もあるかもしれない。また，都市社会構造の解明について，試みられ
るべきことはまだまだたくさんある。

1．自分が住んでいる自治体はどのような都市類型に該当するか，考えて
　　みよう。
2．自分が住んでいる自治体の社会構成について，自治体の web サイト
　　などで公表されている統計データを用いて調べてみよう。

参考文献

Sjoberg, G. (1960) *The Preindustrial City* : *Past and Present,* New York : The Free Press.〈＝倉沢進訳 (1968)『前産業型都市―都市の過去と現在』鹿島研究所出版会〉

倉沢進 (1968)『日本の都市社会』福村出版

新明正道・鈴木広・田野崎昭夫・小山陽一・吉田裕，1959，「産業都市の構造分析」『社会学研究』17 (1)：1-101.

鈴木栄太郎 (1957)『都市社会学原理』有斐閣

鈴木広 (1959)「都市研究における中範囲理論の試み」『社会学評論』9 (3)：26-40.〔森岡清志編 (2012)『都市社会学セレクション第2巻　都市空間と都市コミュニティ』にも再録〕

9 | 都市の地域集団(1) — 町内会・自治会

玉野和志

《**目標＆ポイント**》 日本の地域社会には町内会・自治会とよばれる独特の地域集団が存在している。ここではその特質と歴史的な成立過程を理解した上で，現在の町内会・自治会が抱えている課題と今後のあり方について考える。

《**キーワード**》 町内会，行政補完機能，防災，防犯

1. 町内会・自治会の特質

（1） その不思議な性質

　町内会ないし自治会とよばれる地域住民組織は，日本全国の津々浦々に存在している。もちろん，それに該当する団体が存在しない地域もないわけではないが，かなり網羅的に組織されているのが実情である。ところで，この団体には大変不思議な性質がある。中村八朗という社会学者は，かつてそれを次のように定式化した（中村，1965）。

(1) 加入単位は個人でなく世帯であること

(2) 加入は一定地区居住に伴い，半強制的または自動的であること

(3) 機能的に未分化であること

(4) 地方行政における末端事務の補完作用をなしていること

(5) 旧中間層の支配する保守的伝統の温存基盤となっていること

　かなり古い議論なので，現状では少しそぐわないところが出てきているが，概ねよくその不思議な性質を言い当てている。(1) 加入の単位が個人ではなく世帯と考えられているのは，現在もそのままである。この

点が個人を単位とする近代的な組織とは異なると言われてきた。(2) 一定地域への居住にともない，加入が半強制的または自動的であるという性質は，現在では規約上はあくまで任意加入とされている。また入るのが当たり前というかたちで加入が自動的とまでは言えなくなっている。しかしながら，できればみんなが入ることが望ましいと考えられていて，それを前提とした活動が行われている点は変わらない。これを「全戸加入原則」としておこう。これもかつては町内会の封建的な性質を示すと言われたが，考えてみれば，たとえば労働組合なども，できればみんなに入ってもらいたいと考えていて，活動も労働者全体の生活の向上を目的としている。後で詳述するが，全戸加入原則というのは，防犯・防災などの共同防衛を目的とした団体には，現在でも見られるもので，必ずしも前近代的な性質とは言えないのである。この原則が次の (3) 機能的に未分化という性質と関連してくる。近代以降の組織や団体は通常，特定の目的や関心に応じて機能的に限られた活動をすることが多い。したがって，加入はその活動に興味のある人だけが参加する任意加入が原則なのである。ところが，町内会や労働組合は全戸加入を原則とした共同防衛的な団体なので，活動内容もそれに関して多岐にわたっていて，機能的には未分化に見えるわけである。これも必ずしも前近代的な性質とは言えない。(4) 地方行政の末端補完機能を果たしているという点は，現在も継続する町内会の不思議な性質の代表的なものである。最後の (5) については旧中間層という階層自体が先細りになっていたり，確かに保守政党の支持基盤にはなっているかもしれないが，保守的伝統の温存基盤というほどではなくなっているだろう。

　以上のように，若干今日ではあてはまらない部分もあるが，一般の市民団体やボランタリーアソシエーションとは異なる，不思議な性質があることはわかるだろう。これ以外に重要な町内会・自治会の特質として

は，もう1点，特定の地域には1つの町内会しか存在しないという排他的な地域独占という「地域占拠制」がよく指摘される（日高，2018）。

いずれにせよ，町内会・自治会は単なる民間の任意団体であるにもかかわらず，地域住民を網羅的に組織することを前提に，半ば公的な団体として，防犯・防災などの地域の活動やお祭りなどの親睦事業をはじめとしたありとあらゆる活動や，ごみ集積所の管理など行政の末端補完機能にも積極的に協力する組織として，全国どこにでも存在しているのである。それゆえ前近代から引き継がれた封建遺制とみなされたこともあるし，現在でも特に若い年代の人には，その存在意義が理解されず，「それって入らなければいけないんですか」という疑問を抱かせる不思議な性質をもった団体と受け止められている。

（2） 行政の末端機構か，住民の自治組織か

このような不思議な性質があることと，町内会・隣組が戦前，大政翼賛会の国民細胞組織として戦争に協力したために，戦後，占領軍によって日本の民主化を阻む封建遺制であるとみなされて禁止されたことから，長い間，町内会はそもそも行政の末端組織ないしは支配機構なのか，それとも住民の自治組織なのかということが争われてきた。いわゆる「町内会論争」と言われたものである（玉野，1993）。前者の立場からは，村落の部落会や都市化した旧村落の町内会がもともと行政区の範囲で組織されたことや，行政がしきりに町内会の結成を勧奨してきたことが強調された（秋元，1971）。他方，後者の立場からは，行政が組織する以前から町内会が自発的に結成されたことや（中村，1980），通常の近代的な集団とは異なる性質は「文化の型」と考えるのが妥当であると主張された（近江，1958）。戦後，1970年代ぐらいまでは，町内会・自治会をめぐって，このような二分法が適用され，いずれにせよ，町内

会・自治会は伝統的な古い組織であり，文化的な特質であるという認識が一般的であった（中川，1980）。

　このような戦後の認識が変化し始めるのは，ようやく 1980 年代の後半になってからである。1989 年に出版された『町内会の研究』が，そのような傾向を決定づけたものであろう（岩崎他，2013）。

（3）歴史的に形成された特質としての理解

　『町内会の研究』に集められた論考は，いずれも町内会を歴史的に形成されてきたものととらえ，人々が自ら培ってきた伝統的な組織であり，時の権力によって利用されることもあれば，抵抗の拠点となることもあったという認識を示している。つまり，権力機構か，文化としての自治組織かという二分法ではなく，それらが歴史的に相互に関連してきたと考えられるようになったのである。

　こうして，町内会の歴史的な成立過程や形成過程が問われるようになる。そこでも，国家の行政組織を起源としているので，やはり権力機構だとか，住民の下からの自発的な動きから始まったから，基本的には自治組織だという対立がなかったわけではないが，それなりの歴史的な経緯の解明が進められていく。そこから，町内会を地域集団と考えるから不思議に思えるのであって，地方自治体と考えるならば，そのような疑問は氷解するという議論が提出されるようになる（安田，1977；倉沢，1987）。

　それまで町内会は一般的な集団であると考えられていたので，加入が世帯単位であることや，居住にともない加入が強制されることや，機能が未分化で特定の目的をもたないことが，近代的でないとみなされてきた。ところが，近代以降も地方自治体はむしろ加入が強制的であり，多機能的であることが当たり前で，かつ加入単位は個人であるが，登録は世帯単位という側面がある。町内会を地方自治体，もしくはその前身と

124

考えるならば，必ずしも町内会の特質は前近代的とは言えなくなる。

　以上は，安田三郎という社会学者が提案した考え方で，倉沢進はこれにもとづいて町内会の歴史を説明しようとしているが，実際には町内会が近代的な地方自治体の前身に当たるものであったというのは少し無理のある議論で，国家や自治体と同じ「共同防衛」という目的をもった住民の団体として，近代以降に成立したものであると考えるのが妥当であろう。したがって，現在でも防犯・防災にかかわる活動が町内会・自治会には基本的なものと考えられているのである。

2. 町内会・自治会の歴史的成立過程

(1) 起源をめぐる諸説の整理

　町内会の歴史的起源については，これまでもいくつかの議論が提出されてきた。町内会が江戸時代の五人組，古代の五保の制まで遡るものであるという議論や（中川，1980），「文化の型」であるという議論は（近江，1958），厳密には歴史的起源を説明したとはいえないが，よく言及されてきたものである。これについては，町内会の特質が本当に人々の生活に根差した文化的なものであるのか，それとも日本の国家が古くから活用してきた伝統的な統治の技術であるのかということが問われなければならない。この点については後で詳述するが，筆者はけっして前者ではなく，後者と考えるべきだと考えている。

　さて，この点でより厳密な議論として提出されているのが，鳥越皓之の「実態起源」と「本質起源」という議論である（鳥越，1994）。鳥越は実際の自治会の起源をたどると，明治期の衛生組合から始まったり，戦後の町内親睦会から始まった例が多い。この意味で現実の「実態起源」としては多様であるが，地域自治会の本質的な性質を規定した「本質起源」は，次のようなものであったと論じている。それは，明治11年

(1878年) に地方三新法が制定され，「地方税規則」で従来の民費が地方税に入るものと，それ以外の協議費とに分けられたときに，役場の責任からはずされた後者の協議費の受け皿として組織されたのが地域自治会だというのである。つまり本来は一体としてあったものが，その一部が公的に制度化されたので，残りの部分が民間組織に残されたのだという。鳥越はその後の村の財政や業務の縮小や拡張に応じて，自治会の財政や役割が増減する「振り子の関係」が見られることに，そのひとつの根拠を求めている。つまり「本質起源」的な言い方をすれば，地域自治会は行政機関から枝分かれしたということである。

　その他，鳥越のいう「実態起源」的な議論になるが，かつての秋元律郎や最近では日高昭夫が主張しているように，区などの行政の末端組織を起源としているという議論も，同じような説であると考えてよいだろう（秋元，1971；日高，2018）。これらの説には実証的な根拠もあって，それなりに有力なものではあるが，鳥越が注意深く「地域自治会」と表現しているように，村落の部落会，ないしかつて村落であった地域が都市化した後に成立した町内会ないし自治会にだけあてはまるという制約をもっている。近世以前から都市であった地域にも同じことがいえるかは，はっきりしないのである。都市部に関する歴史的な検討からは，もともとあったのは一軒前という通りに面した土地を所有している地主たちの会であって，借家人などは入ることができなかった（江戸時代の五人組も大家の組織であって，店子は構成員ではなかった）。それゆえ全戸加入の町内会ができたのは，むしろ開放的な出来事だったのだという指摘もある（中村，1979）。

　いずれにせよ，都市部の町内会がどのような経緯で成立したかの解明がないかぎり，上記のような起源論だけでは十分ではないのである。そこにはまた別の「本質起源」ともいうべき特質が隠れているのかもしれ

ない。

（2）推移地帯における町内会の成立

　それでは，近世以来の都市部での町内会の成立については，どのような事情があったのだろうか。東京の下町地区での町内会の成立については，小浜ふみ子が少なくとも旧来からの組織が母体となった形跡はなく，担い手も江戸期以来というよりも，明治以降比較的早い時期に流入し，それなりの地歩を得た自営業者が中心であったことを明らかにしている（小浜，1995）。また，玉野は金沢市と品川区の事例から，都市化によって人口が増え始めた郊外寄りの地域の通りに面した商店街で，町内会ができていったことを示している（玉野，1993）。

　旧来からの都市部でも，やはり人口が増えつつあった郊外寄りの地域で，自然発生的に結成されたと思われる町の会が見られただけで，山手の住宅街のような地域では，開発業者が音頭を取らないかぎり，そのような地域組織はできなかったようである（山口編，1987）。要するに都市の推移地帯として，人口の流入が激しく，それに応じて商店主たちが集住しはじめたような地域で，町内会は自発的に結成されることが多かったと考えられる。そのような組織が全戸加入を原則としたのは，やはり都市化で誰が隣に越してくるかわからないという不安や，とりわけ商店主たちにとっては，商売敵の流入をコントロールしたいという意向があったのだろう（玉野，1993）。したがって，町によっては表通りに面した商売人だけが加入していて，裏店の住民は含まれていないということもあったようである。全戸加入が自然発生的に実現した町はそれほど多くはなかっただろう（玉野，2005）。それゆえ全戸加入が一般的になるのは，戦時体制の下でそれが求められてからと考えるのが妥当である。いずれにせよ，都市部の町内会は近代の都市化にともなう地域社会

の危機的な状況にたいして，住民たちが共同防衛のために，あくまで一部の地域で自発的に結成されたものであって，それが戦時体制の下で国家や自治体によって採用され，全国に広められたと考えるのが適当である（玉野，1993）。そうでなければ，全国津々浦々に全戸加入を原則とする住民組織が網羅的に組織されるとは考えにくい（日高，2018）。

　したがって，歴史的にいって，町内会は住民の自治組織であると同時に，行政の末端機構としても整備されていったもので，どちらか一方であったとする議論はあまり意味がない。むしろ両者が相まった点が重要なのである。さらに，そのどちらにとっても共同防衛という共通の課題があったことが，両者の関係を密にしたのであって，どこにも「文化の型」や「文化的特質」によって説明する必要のある部分などないということを強調しておきたい。

（3）町内会・自治会の特質としての統治性と階級性

　だとしたら，これまで再三再四強調されてきた町内会・自治会の文化的特質については，どう考えればよいのだろう。このような議論を行った典型的なものに，中川剛『町内会——日本人の自治感覚』がある（中川，1980）。中川によれば，契約や盟約によってではなく，具体的接触を基本とする人間関係の場が存在することで成立するのが「秩序」型社会における日本人の自治感覚であるという。そのような側面がまったく無関係であるとは言わないが，問題は人々の生活に根差した文化的な特質にあるのではなく，日本という国家が民衆を統治する上で歴史的に用いてきた技術的特質にあるととらえた方がよいと筆者は考えている。いわば古来から日本列島における国家が用いてきた統治技術の特質であり，これを町内会・自治会における「統治性」の問題としておく。重要なのは，それはけっして住民側の文化的特質ではなく，あくまで権力の

側での統治技術であるととらえることである。そして，その内実として
は，権力が民衆を統治するにあたって，行政的なフォーマルな組織だけ
ではなく，住民側のインフォーマルな組織からの協力を調達しようとす
る特質であり，かつそれはあくまで統治への協力であって，政治的な参
加ではないという特質である。したがって，権力はつねに自らの統治に
協力する住民を優遇し，協力しない住民を排除する傾向をもつ。このよ
うな統治のあり方が町内会をめぐる「統治性」の問題であり，これはあ
くまで権力の側の対処の技術を意味している。

　このような権力の側の統治の仕方は，それゆえ民衆の側につねに統治
に協力する主体を必要とする。町内会・自治会についてこの問題を考え
るうえで重要な側面を，町内会・自治会における「階級性」の問題とし
ておきたい。「階級性」とは，町内会・自治会が具体的にどのような
人々によって担われるかということで，その階級階層的な特色という側
面である。つまり，どのような歴史的特質をもった人々がそれに関与し
ているかという住民の側の担い手の特質という側面である。日本列島の
永い歴史の中で，どのような人々がそのような組織を担ってきて，それ
ゆえ日本国家の統治の特質がどのように実現してきたかを一般的に論じ
ることもできるだろうが，ここでは戦前から戦後にかけて確立した町内
会について，その「階級性」の内実について述べておきたい。

　町内会の全戸加入原則を労働組合と比較して，それほどおかしなもの
ではないと先に指摘しておいたが，実は町内会を担ってきた人々と本来
労働組合に組織されるべきであった人々は，階級的にはよく似ている。
日本の場合，明治維新以降の近代資本主義の下で，労働者階級を形成し
たのは，村落において雇いや小作とよばれた階層の人々であった。これ
は国際的にも同様である。イギリスではエンクロージャー運動によって
村落を追われた農奴たちが，労働者階級の供給源であった。そんな労働

者階級が労働組合に結集し，労働運動を通して徐々に体制内化していったのが，イギリスをはじめ一部のヨーロッパ諸国における近代化であり，民主化であった。労働者階級は尊敬されるべき存在（respectable）であることを標榜し，自らの政党を組織することで，政府の政策にも影響を与えるようになる。このように労働者大衆がひとかどの人物として尊重され，社会的上昇を遂げることができるようになることを「大衆民主化（Mass Democracy）」とよんでおこう。19世紀から20世紀にかけての近代化の過程で，この大衆民主化こそが，それまで虐げられていた農民や労働者を解放し，彼ら彼女らの社会的上昇への意欲が，よかれあしかれ時代を推し進める原動力となったのである（玉野，1993）。

　日本の場合，村落で虐げられていた雇いや小作とよばれた人々が，都市へと移動して労働者になって，やがて労働運動を通してそれなりの賃金を獲得するようになるが，労働組合や労働者政党はまもなく国家によって弾圧されてしまう。労働者はもともと失業時には都市のスラムに滞留し，露天商などの雑業に従事することも多かったので，やがて日本の労働者は商店や町工場などを営む一国一城の主としての自営業者としての社会的上昇をめざすようになる。そんな彼らが中心になって町の会をつくったときに，戦時体制の下にあった国家がこれを採用し，町内会の整備を行ったわけである。いわばここで初めて彼らは天皇の臣民として認められたのである。天皇制ファシズムは，労働者と労働組合ではなく，自営業者と町内会という特殊な形態をとった日本における大衆民主化によって下から支えられていったのである。それゆえ町内会は戦後占領軍によって禁止されたにもかかわらず，講和条約以降復活し，都市自営業者としての彼らの存立基盤も，1970年代ぐらいまでは何とか維持されてきたのである。

3. 町内会・自治会が抱えている課題

（1）これまでなんどか語られてきた町内会の衰退

　これまでの説明で，町内会・自治会という不思議な性質をもった住民組織が，なぜ日本で成立したのかが少しわかってきただろう。それと同時に，それが歴史の偶然によって生じた一過性の出来事であることがわかるだろう。事実，戦後町内会・自治会はなんどか衰退の危機にあると指摘されてきた。

　最初に町内会はいずれなくなるだろうと言われたのは，戦後改革の中で占領軍によって町内会が禁止されたときである。講和条約によって町内会を禁止した政令が失効した後も，多くの知識人は町内会を封建遺制とみなし，近代化によって消滅すると考えていた。ところが，町内会は実は近代以降に生まれた組織であって，けっして封建遺制ではなかったので，この時期になくなることはなかったのである。むしろ，町内会を支えた都市自営業者層は，この時期にようやく自らの経済的基盤を確立しつつあったので（玉野，2005），むしろ積極的に行政に協力している自分たちの貢献を認めろと要求する圧力団体のような動きを示していた（高木，2005）。

　次に町内会の衰退が論じられたのは，1960年代後半の高度成長による戦後の都市化が，とりわけ東京などの大都市を中心に広がり，都心の空洞化と郊外への人口流出が顕著となった時期である。隣の人が亡くなっていることにしばらく気がつかないほど，近隣づきあいが希薄になったことや，親が共働きで，子どもが学校から一人で自宅に帰る「鍵っ子」の存在が，社会問題として語られた時代であった。実際，この時期東京の23区内では町内会の組織率が5割ぐらいになり，郊外住宅地では新旧住民の融和が課題となっていた。これまでの町内会ではこれらに対応できないということで，国民生活審議会の『コミュニティ

――生活の場における人間性の回復』という答申にもとづき，旧自治省がいわゆる「コミュニティ施策」を打ち出したのがこの時期である（広原，2011；山崎編，2014）。しかしながらこのときも，コミュニティ・センターの管理・運営などを地道に続けたのは，台頭が期待された市民層ではなく，旧来から町内会・自治会を支えてきた住民層であった。その結果，1980年代には再び自治会・町内会を中心としてコミュニティを組織していくことが，一般的となっていく（玉野，2022）。

（2）いよいよ訪れた危機的状況

　そして，戦後3度目の危機とされるのが，2000年代以降現在に至る時期である。1960年代後半には，確かに東京の都心部の町内会は組織率が5割近くに低下したが，東京の郊外や地方都市では，それほど組織率は低下しなかった。ところが，2000年代に入ると，それまで8割とか，9割という組織率を誇っていた東京郊外の立川市や八王子市においても，数年の間に組織率が6割以下に低下してしまうということが起こってくる。もはやこんな大変な仕事は誰も引き受けてくれないので，自分の代で町内会は解散しますと言って，町会連合会から抜けるという事例も見られるようになる。現在でも一部の地方都市や村落部では，まだまだ8割近くの組織率を保っているところもあるが，主要都市では役員層の高齢化も含めて，町内会・自治会の活動力がかなり落ち込んでいることは否めない。1980年代以降，かつて町内会に関わることが自らの社会的上昇を意味した都市自営業者層の世代は80歳を超えて，もはやそのような動機で町内会を支える人々はいなくなったのである。また，都市の自営業そのものが，グローバル化によってその経済的な存立基盤を失いつつある。現在では，たまたま長くその地域に住んでいて，恩返しのつもりで定年後に町内会を支えるという人が，大半であろう。

もはや町内会の役員を引き受けて，行政の下請け仕事への協力を地道に
こなしてくれる殊勝な人は，めったにいないのである。

（3） なにが問題か

　ここで問題なのは，そもそも公的な仕事というのは，誰かがやってく
れれば助かるというもので，多くの人は一部の人の努力にただ乗りする
のが一般的だという，いわゆる「フリーライダー問題」が，町内会につ
いては，なぜか忘れられるということである。行政は，いまだに町内会
のような住民組織が維持できると考えている節がある。ここで見てきた
ように，町内会にしても，労働組合にしても，大衆民主化という近代化
の過程で歴史的に現れた危機的な状況と民衆の社会的な上昇意欲が，一
時的に公的な活動への人々の動員を可能にしたのであって，彼ら彼女ら
の社会的要求がある程度満たされた後の時代には，公的な活動にはただ
乗りしようとする人が増えることは避けられない。これまでの町内会の
ような，行政の立場からすると大変便利な組織など，存在しないのが当
たり前と，まずは諦めるところから始める必要がある。

4.　これからの町内会・自治会

（1） 歴史の偶然が生み出した便利な特質

　さて，これまでの考察から，町内会のような住民組織が成立したの
が，いかにまれなことであったかがわかるだろう。事実，諸外国ではせ
いぜい政党の地域組織か，民族ごとに組織された地域団体があったぐら
いで，行政の下で一律に整備された民間団体としての住民組織が長期に
わたって存続したことはない。中国で比較的最近になって整備された社
区の組織が一番近いだろうが，社会主義国なので事情が異なっている。
民間の任意団体であるにもかかわらず，全戸加入を標榜し，それゆえ公

的な行政の仕事に自発的に協力を惜しまないという町内会の特質は，行政にとっては大変ありがたいものであると同時に，市民として最低限の公的な活動への負担をしてしかるべき一般の住民から見ても，一部の殊勝な人々が負担を買って出てくれるおかげで，ただ乗りが可能になるという大変便利なものであった。ただ，これは歴史的な偶然によって一時期成立し，その後，慣性的にかろうじて維持されてきたが，将来にわたってはとても持続可能なものではないことを，まずは理解する必要がある。それを前提として，今後の町内会・自治会のあり方を考えるべきなのである。

（2）認めるべき功績と下ろすべき加重な負担

　そのためにはまず，これまでの町内会・自治会の多大な功績を認めるべきである。ありえないことを続けてきた努力は，無条件で評価すべきである。現在でも町内会を維持することが，地域にとって重要であると考え，私生活を犠牲にしてまでこれに献身している人を軽んじるべきではない。当事者が続けると言っているものを，むげにもう必要ないと言うわけにはいかない。したがって，町内会・自治会の活動が維持できている地域では，これまで通りその存続を支援すればよい。しかし問題は，高齢化や担い手不足によって，これまで通りの活動の維持はおろか，災害時の要援護者の支援などの追加の仕事などはとても引き受けられない場合である。

　この場合に，何とかこれまで通りと，当事者に負担をかけることはもうやめた方がよい。できないことはできないと活動を縮小すればよいのである。行政としては，それを受け入れるべきである。そもそも民間団体なのだから，それは自由なはずで，これまで引き受けていた行政の下請け仕事は，いわば好意でやっていただけのことなので，返上すればよ

いのである。行政はそこを何とかとは言わず，別の方途を考えるべきである。やるのが当たり前だとか，だから町内会への参加を義務化すべきだなどと考えることは愚の骨頂である。そんなことをしたら，これまで奇跡的に維持されたきた住民の自発的な行政への協力の場が，完全に失われてしまう。町内会・自治会には，いざというときに住民同士の協力を可能にする日頃からの親睦・交流の活動と，やはりいざというとき住民がまとまって行政と交渉できる公認された場としての最低限の認知があれば，それでよしとすべきなのである。

 学習の
ヒント

1．町内会・自治会と一般的な市民活動団体との違いを整理してみよう。
2．あなたが住んでいる自治体で，実際に町内会・自治会がどのような活動をしているか，調べてみよう。
3．その中で，行政との関係がどのようなものか，考えてみよう。

参考文献

秋元律郎（1971）『現代都市の権力構造』青木書店

岩崎信彦・上田惟一・広原盛明・鯵坂学・高木正朗・吉原直樹（2013）『増補版　町内会の研究』御茶の水書房

近江哲男（1958）「都市の地域集団」『社会科学討究』3（1）：181-230

倉沢進（1987）「町内会と日本の地域社会」『コミュニティ』1-47，財団法人地域社会研究所

小浜ふみ子（1995）「下町地域における町内社会の担い手層」『社会学評論』46（2）：188-203

高木鉦作（2005）『町内会廃止と「新生活協同体の結成」』東京大学出版会

玉野和志（1993）『近代日本の都市化と町内会の成立』行人社

玉野和志（2005）『東京のローカル・コミュニティ─ある町の物語一九〇〇─八〇』東京大学出版会

玉野和志（2022）「都市とコミュニティ─求められる新たなガバナンス」後藤・安田記念東京都市研究所編『都市の変容と自治の展望』後藤・安田記念東京都市研究所：391-416

鳥越皓之（1994）『地域自治会の研究』ミネルヴァ書房

中川剛（1980）『町内会─日本人の自治感覚』中公新書

中村八朗（1965）「都市町会論の再検討」『都市問題』62（7）：69-81

中村八朗（1979）「戦前の東京における町内会」国際連合大学編『技術の移転・変容・開発』アジア経済研究所：2-41，

中村八朗（1980）「形成過程よりみた町内会」富田富士雄教授古稀記念論文集刊行委員会編『現代社会と人間の課題』新評論：34-58

日高昭夫（2018）『基礎的自治体と町内会自治会─「行政協力制度」の歴史・現状・行方』春風社

広原盛明（2011）『日本型コミュニティ政策─東京・横浜・武蔵野の経験』晃洋書房

安田三郎（1977）「町内会について」『現代社会学』4（1）：173-183

山口廣編（1987）『郊外住宅地の系譜』鹿島出版会

山崎仁朗編（2014）『日本コミュニティ政策の検証─自治体内分権と地域自治へ向けて』東信堂

10 | 都市の地域集団（2）
─ボランティア・NPO

玉野和志

《目標＆ポイント》　日本の地域社会にも町内会・自治会とは異なる様々な地域集団が存在している。ボランティアやNPOなどの市民活動団体である。ここではそれらが歴史的に成立してきた過程をふりかえりながら，行政や町内会・自治会とはまた違った特質と役割について考えていく。

《キーワード》　ボランティア，NPO，パートナーシップ，住民運動

1. 市民活動団体の特質

（1）戦後の民主化・近代化と市民活動団体

　本章では，町内会・自治会とは異なる地域集団を取り上げる。それらは英語では「ボランタリー・アソシエーション（Voluntary Association）」とよばれ，「自発的結社」という訳語が当てられてきた。現在では一般にボランティア団体やNPOなどと言われるが，ここではそれらを総称して「市民活動団体」としておきたい。戦後それらは町内会・自治会とは異なる，近代的な集団ないし団体とみなされてきた。すなわち，特定の限定された目的をもち，その主旨に賛同した人が自発的に参加する，出入り自由な近代的組織というわけである。これとの対比で，町内会・自治会がかつて「封建遺制」とみなされたことはすでに述べておいたが，前章の考察から，近代的な組織が必ずしもすべてそのような性質をもつとは限らないと考えておくべきだろう。たとえ市民活動団体であったとしても，場合によってはそれらが包括的な機能をもつこともある。また，あくまで

加入は任意であったとしても，できればより多くの人に参加してほしいと
思って活動する団体もある。町内会・自治会もその意味では，かなり先
輩格のボランタリー・アソシエーションであったといえなくもないが，町
内会・自治会にはそれ以外にも特殊な性質があるので，ここではその他
の地域集団を市民活動団体と総称して区別しておく。

　さて，戦後，このような市民活動団体が，地域社会の民主化と近代化
を担うものとして，つねに積極的に評価されてきたことを，まずは確認
しておこう。町内会・自治会が衰退する中で，つねに期待の目で見られ
てきたのが，これら市民活動団体だったのである。

(2) 第三の空間，サードプレイス，生活拡充集団

　それは，次のような議論にもよく表れている。最近日本では改めて
「サードプレイス」という議論として注目されているが，古くは「第三
の空間」とか，「生活拡充集団」とよばれた議論である。

　レイ・オルデンバーグという社会学者は，アメリカにおけるコミュニ
ティの衰退を受けて，自宅でも職場でもない，インフォーマルではある
が，パブリックな場として，人々が出会い交流する「サードプレイス」
が，コミュニティには必要であると述べている (Oldenburg, 1989 =
2013)。パブやカフェ，居酒屋，メインストリートなどが，かつてはそう
いう場であった。同じような議論として，かつて磯村英一が「第三の空
間」として展開した議論がある (磯村, 1989)。磯村は都市において，居
住を第一の空間，職場を第二の空間とした上で，この二つの空間の移動
の中で「第三の空間」が成立する。そこでは人々が大衆として自由と平
等を享受できると同時に，やがてそこにも「なじみの社会」が成立する
ことに注目した。磯村に代表される都市社会学が異常人口の異常生活に
ばかり注目することを批判して，正常人口の正常生活にもっと注目すべ

きだとした鈴木栄太郎も，なぜか磯村のいう第三空間に成立する集団を
「生活拡充集団」という大変魅力的な用語で語っている（鈴木，1957）。

　それらはいずれも都市という空間において，家庭人でも職業人でもな
い，市民としての社会生活の側面がゆたかに展開することが，単なる民
主化とか，近代化というだけではなく，人間や社会にとって何やら重大
な意義があることを示唆している。それらはシティズンシップや公共圏
などの議論にも広がり，ひいては本章の議論とも重なってくるが，ひと
まずここではそれだけの指摘にとどめたい。

（3）趣味愛好的な活動との異同

　もうひとつふれておきたいのは，たとえば，スポーツのサークルと
か，歴史の勉強会，文学の同好会など，いわゆる趣味愛好的な活動団体
との関連である。ここでいう市民活動団体には，そのような個人的な関
心にもとづく趣味愛好的な団体も含まれているが，そのような団体は公
的な課題には関心をもたず，自分たちのやりたいことだけをやるのが特
徴だ，とみなされることが多い。事実，町内会・自治会が市民活動団体
と席を同じくしたがらないことや，自治体が主催する社会教育関係の講
座が，公的な活動につながらないならやる必要はないという批判を受け
てきたことなどと，それらは関連している。町内会・自治会の関係者
は，自分たちは自らの関心ではなく地域のために活動しているのに，自
分たちの関心だけでやっているような団体と一緒にされたくないと考え
てしまうために，NPO などとの協働がうまくいかないのは，かなり以
前からの課題である。また，松下圭一の「社会教育批判」によって社会
教育関係の予算が削られ，学習の場を失った市民活動団体の活動が停滞
してしまったという側面もあったのである（松下，1986；玉野，2005）。

　ここでは，市民活動団体は確かに個人の自発的な関心を出発点にして

いるが，だからといって公的な関心や課題に目を向けないものではないということを強調しておきたい。人生をゆたかにする趣味愛好的な活動としての側面を認めつつも，公的な活動への可能性を広げていくのが市民活動団体の特徴であり，実は「サードプレイス」が個人の気安さと平等を重視しながら，あくまでパブリックな空間であることを主張するのも，そのような意味においてである。単なる生活「拡充」集団ではなく，「市民」活動団体と総称しているのも，そのような意味合いであって，ここではその側面を中心に論じていくことを断っておきたい。

2. 市民活動団体の歴史

（1）セツルメントと戦前の社会事業

そこで，まず，そのような意味での市民活動団体の日本における歴史的な変遷について，順に見ていきたい。市民が自らの関心で公的な課題にたいして取り組む集団を形成していったのは，都市で町内会・自治会が結成され始めた大正から昭和にかけての時期である。したがって，それは労働組合の組織化とも同じ時期で，セツルメントなどのいわゆる社会事業団体が形成された頃である。セツルメントとは，細民地区に教化，教育，保育，診療，授産など精神的経済的指導援助を行う隣保施設を設立し，活動したものをいう。片山潜のキングスレー・ホールやA. P. アダムスの岡山博愛会，その他，賀川豊彦によって指導された協同組合や大学を拠点とした東大セツルメントなども存在し，関東大震災後には広く民間の活動として展開することになった（山口，2000）。

当時は，失業と貧困によって荒廃した細民地区にたいして，キリスト教の宣教師やお寺の住職，労働運動の指導者や資産家など「教養ある人士」が中心になって行う活動であったので，必ずしも一般に知られたものではなかったが，その後，方面委員制度などとも相まって，いわば地

域福祉の原点ともなった活動である。

　しかしながら，戦前これらの団体は，戦時体制の下で労働組合が解散
し，産業報国会に統一されていったように，大政翼賛会によって戦時下
の総動員体制に，部落会町内会同様，組み込まれていくことになる。当
時は選ばれた一部の市民だったとはいえ，セツルメントなどの社会事業
団体がいわば市民活動団体の前身であり，この時期の労働組合や町内会
と同様，一定の限界を抱えながらも近代的な組織として台頭したことを
確認しておきたい（吉田，2004）。

（2）　戦後の紆余曲折と社会福祉協議会

　ところが，戦後占領軍の下での民間社会事業組織の再編は，様々な紆
余曲折をへながら皮肉な結果をもたらすことになる。まず，GHQ は民主
化政策の一環として，戦後の戦災者，引揚者，遺族などの要援護者にた
いする救済政策において，厚生省の実施責任の民間への転嫁や自助・相
互扶助を強調する旧態依然としたあり方にたいして，救済福祉における
国家責任の原則，私的機関や個人への委任転嫁の禁止を明らかにする（山
口，2000）。そのうえで「団体及び施設による自発的に行われる社会福祉
活動に関する協議会設置」を求めることになる。これに呼応するかたち
で，政府は当時公費の補助が廃止されて弱体化していた既存の社会事業
中央諸団体の再編を図ることになる。こうして官制的な再編統合によっ
て 1951 年 1 月に成立するのが中央社会福祉協議会（後の全社協）で，同
年中には全都道府県の社会福祉協議会が結成されることになる。ここに
戦前の体質を温存した半官半民的な全国的社会事業連絡団体が，形式的
には「公」から切り離され，組織化されるのである（山口，2000）。これ
が現在でも全国に存在し，あくまで民間団体であるにもかかわらず，か
つては役所の中に事務局が平然と存在することも少なくなかった社会福

祉協議会である。

　福祉領域に限られていたせいか，あまり問題にされることはなかったが，戦前のボランティア団体とも言える市民活動団体の前身は，こうして戦後の町内会・自治会以上に行政と密接に関連した社会福祉協議会という組織に統一されることになる。したがって，趣味愛好的な活動も含めた市民の自発的な活動がNPOやボランティアというかたちで花開くには，戦後の復興と高度成長を待たなければならなかった。

（3）住民運動から市民活動団体へ

　以上の通り，戦前から戦後間もない頃までの市民活動団体は，いわゆる社会事業とよばれる社会奉仕や慈善活動などの社会福祉的な活動に従事する団体が主であった。大正期以降，貧困や浮浪児などの問題が顕在化したときに，お寺や教会，一部の企業家や社会主義者などが始めたセツルメント活動などがそれである。これにたいして，そのような社会福祉的な活動にとどまらず，市民の趣味愛好的な側面も含んだ多様な集団活動が台頭するのは，経済の高度成長によって生活水準が向上し始めた1970年代以降のことであった。

　60年代後半から70年代にかけて展開した公害反対の住民運動や，それらの後押しもあって成立した革新自治体の時代には，郊外の新興住宅地の成立も相まって，様々な市民活動が都市を中心に展開し始める。この時期，自治体による社会教育関係の講座をきっかけに，文学等の読書会や郷土史の愛好会などや，憲法や教育基本法，PTAのしくみや子育てのあり方を学ぶ学習会，食を中心とした環境問題を学ぶサークルなどが，雨後の筍のように叢生した。住民運動や革新自治体は，このような市民の旺盛な学習意欲によって支えられると同時に，そのような市民の活動を後押ししていった（玉野，2005）。同じ時期に提案される旧自治

省のコミュニティ施策も，このような新しい市民層の活力を取り入れることを当初期待して，市民活動の舞台となる身近なコミュニティ・センターの整備を進めていった。その後のコミュニティ政策としての皮肉な結末については，前章で述べたとおりであるが，コミュニティ施策によって全国的に整備されたコミセンをはじめとした地域の集会施設が，さらなる市民活動団体の発展をうながしたのは事実であろう。性別役割分業を前提にしているとはいえ，80年代までは量的な厚みをもって存在していた活動専業主婦層を中心とした地域生協や代理人運動，地域の教育文化運動などは，団塊の世代とその子どもたちを中心に全国的に展開し，子ども文庫・地域文庫などの文庫活動や子ども劇場・親子劇場などの様々な市民活動を生み出し，多くの市民活動団体が地域で活動するようになっていくのである（増山，1986；玉野，2005）。

（4）ボランティア元年からNPO法へ

したがって，1995年の阪神・淡路大震災とその後の日本海での重油流出事故の際に，全国からボランティアが殺到し，ボランティア元年とよばれるようになるのは，けっしてこの年に始まったことではなく，住民運動以来の戦後の市民活動の展開があってのことなのである。むしろこの年があえてボランティア元年とよばれるには，別の理由があると考えた方がよい。それは政治や行政がこのような市民活動の活力に目を向けるようになったきっかけが，この年であったということである。

当時の政治改革の中で，自民党に代わる新しい軸を作ろうとし，その後民主党に結集していく政治勢力だけではなく，自民党の一部にも，市民のボランティアに注目する動きが出始めるのがこの頃である。彼ら彼女らが注目したのが，それ以前にアメリカで実現していた，NPOが免税処置を活用して，市民の寄付にもとづいて多様な福祉サービスを民間

で提供するというモデルであった。

　やがて，これらの動きは，市民活動団体の側からの働きかけもあって，特定非営利活動促進法（いわゆる NPO 法）を議員立法というかたちで実現することになる（熊代編，1998；原田，2020）。NPO 法そのものは事務局機能を維持できるぐらいの団体でないと申請できず，かつ念願であった免税措置も当初は先送りされていたが，それでもその後，NPO の認定数は右肩上がりに増加していくのである。

　以上のように，阪神・淡路大震災以降，ボランティアが単なる個人の趣味愛好的な活動ではなく，社会的に有用な公的意味をもつものとして広く認められ，その活用が図られるようになっていく。しかしながら，それは他方で 80 年代以降，世界的な潮流として支配的な影響力をもつようになるネオ・リベラリズム＝新自由主義にもとづく，いわば民間活力導入という文脈と無関係なものではないことに注意する必要がある。

3.　市民活動団体への期待

（1）新自由主義と新しい公共

　新自由主義とは，アメリカのレーガン大統領とイギリスのサッチャー首相の登場に代表される 1980 年代以降の政治経済学的な潮流で，それ以前のケインズ政策による福祉国家とは異なって，経済への国家介入をやめて，もう一度市場の原理に任せようとする考え方である。ミルトン・フリードマンやフリードリッヒ・ハイエクなどに代表される議論で，日本では同じ時期に土光敏夫を会長とする臨時行政調査会による行政改革というかたちで始まり，その後中曽根康弘が首相に就任すると，「レーガン・サッチャー・中曽根」による世界的な体制と称された。基本的に「小さな政府」を標榜するもので，福祉政策をはじめとした行政サービスの大幅な削減や民営化によって市場や民間の力を高めることを

ねらいとした。地方自治体の行政サービスという点では，サッチャーが推進した民営化やアウトソーシングという，いわゆる NPM ＝ニュー・パブリック・マネジメントの手法がよく知られている。その後，いくどかの世界的な通貨危機をへて，若干の修正が必要と考えられるようになっていくが，現在でも支配的な潮流と考えることができる。

　日本でも，これに少し先立って，福祉サービスの新しいあり方として，民間事業者からのサービス提供を公的なサービス提供と組み合わせることで，サービスの受け手が自己負担も含めて選択できるあり方が，「新しい公共」というかたちで提案されていた（全社協，1979）。全国社会福祉協議会のこの提案は，あくまでサービス利用者の便宜を考えての提案であったが，その後この「新しい公共」は，新自由主義的な発想での行政のサービス削減の文脈で，意味を変えて賞揚されるようになる。

　この流れの中で一時期，行政と市民のパートナーシップという言い方がなされるようになり，やがて「協働」という造語が一般化し，現在では行政と市民の協働という表現で，地方自治体のあらゆる行政部門で，その推進が謳われるようになっている。この文脈において，市民活動団体が町内会・自治会と並んで，市民の側から協働を担う主体として期待されるようになっているのである。

（2）行政と市民の協働

　それでは，具体的に行政と市民の協働において，市民活動団体はどのような貢献を求められているのだろうか。この同じ文脈で，町内会・自治会がどちらかというと行政の領域全般において，補助的な役割を期待されているのにたいして，市民活動団体の場合は，特定の分野におけるどちらかというと専門的な役割を期待されている。たとえば，高齢者福祉や障害者福祉の分野における介護ボランティアとしての活動など，市

民活動団体が活動の目的として掲げる特定のテーマに沿った貢献が求められている。高齢者への給食サービスや最近では子ども食堂などが，そのような活動として注目されている。このような町内会・自治会と市民活動団体との違いを，地縁型コミュニティとテーマ型コミュニティと区別して，両者を組み合わせていくことがつねに期待されてきたことについては，すでに述べたとおりである。いずれにせよ，この2つのタイプの住民組織を含めて，行政と市民の協働が求められている。そして，そのことはよかれあしかれ新自由主義の考え方に沿った行政サービスのあり方として，現在支配的な影響力をもっているのである。

(3) 下請化の危機

　新自由主義の考え方は，本来市場をはじめとした民間の自立的な力をより生かしていくことを目指すものであった。したがって，アメリカやイギリスでは，その考え方に沿った制度設計がなされている。その点については次節で詳述するが，ここではアメリカやイギリスとは異なる行政的な伝統をもつ日本においては，独特の課題が生じてくることについて指摘しておきたい。前節の町内会・自治会の検討において指摘した「統治性」の問題がそれである。町内会・自治会だけではなく，市民活動団体においても，ともすれば自立的な民間の活動というよりも，行政の補完という意味合いが強くなってしまうということである。行政と市民の協働という文脈では，つねに官・民の役割分担の見直しが求められ，そこから新しい公共のあり方が生まれてくるとされるのだが，同時に行政の役割は実際にサービスの提供をすることよりも，全体の調整機能にあると言われることも多い。そのような考え方は，行政の判断にもとづき，民間がサービスを提供するという，およそ協働とはいえない関係を生み出すのであり，事実，福祉サービスの分野では市民活動団体の

下請化の懸念が表明されている（田中，2006）。

　それでは，次に同じく新自由主義の下で，政府の機能をアウトソーシングしていったアメリカやイギリスにおける制度設計の考え方を参考にしながら，市民と行政の協働のあるべき姿を考えてみたいと思う。

4. 行政との協働＝パートナーシップ

（1）アメリカの場合

　新自由主義の政策をアメリカで始めたレーガン大統領は，大幅な減税と福祉政策の切り捨てを行ったことで知られる。これにたいして，後のクリントン政権を生むことになる市民社会からの対応が，NPO法人の創設であった。政府がやらないなら，自分たちでやる，その代わり自分たちでやるのだから，国への税金は納めない，といういかにもアメリカ的な考え方で，NPO（Non Profit Organization：非営利組織）が寄付を受けた場合，免税措置が認められるというしくみが導入された。つまり，個人はNPOに寄付をすることで，NPOから自分の好みのサービスを受けるか，または税金を納めて国からサービスを受けるかの，どちらかを選ぶことができるという考え方である。注目すべきは，公共的なサービスを提供する主体を，国とNPOを同等に並べて市民が自由に選ぶことができるということを，国家が制度として認めている点である。日本ならば，公共的な課題の解決に取り組むのは国家の優先的な仕事であって，それを民間団体に完全にゆだねてしまうなどということは，なにより国家が認めないだろう。ところが，アメリカではそれは市民が選べばよいと，国家もまた認めているのである。

　このようなアメリカでのNPOのしくみは，一時期日本でも賞揚され，寄付文化を根づかせる必要があるなどと言われたものである。また，行政もできるかぎり市民活動団体に公共的なサービスの担い手になっても

らうことが望ましいと考えたわけである。しかしながら，日本ではこのアメリカのNPOを担い手とした新しい公共サービスの提供形態が，若干誤解されて普及したところがある（須田，2001）。実際にアメリカでは寄付をして免税措置を受けてサービスを選ぶことができる人は，それなりの額の寄付のできる富裕層であり，NPO団体もまたそれなりの寄付をしてくれる人へのサービス提供を主としている。料金の負担も寄付も期待できない貧困層へのサービスは行っていないのが実態であって，貧困層へのサービスはやはり公共部門が担わざるをえないのである。NPOによるサービス提供は，いわば富裕層に公共サービスを選択できるようにした制度であって，NPOが積極的に貧困層へのサービスを提供しているわけではない。

　そのような限界があるとはいえ，アメリカの場合，免税措置によってNPOが政府と対等な立場で市民によって自由に選ばれるサービス提供主体として認められている点が興味深い。

（2）イギリスの場合

　アメリカでレーガン政権の政策に対抗するかたちで市民活動が台頭し，やがてクリントン政権を支えたように，イギリスでもサッチャー政権が徹底的に民営化を推進したことに対抗して，ブレア政権はサードセクターの活用を打ち出していく。サードセクターとは，市場でも家族でもない市民的な協同の領域を意味し，イギリスでは古くからチャリティーとよばれたボランティア団体や社会事業団体，協同組合などが存在し，政府とは独立に社会的な活動に従事してきた。それらは伝統的に政府の援助や干渉を受けることを拒んできたが，労働党は野党時代から少しずつ説得を続け，このような市民セクターと政府が協働して公共サービスを提供する方途を模索してきた。その過程で，サードセクター

と政府が「コンパクト」とよばれる協定を結ぶことで，協働を推進する
やり方が定着する。このコンパクトの内容に注目すべき点が含まれるの
で，ここで紹介しておきたい（玉野，2008）。

　コンパクトは，サードセクターと政府が公共サービスの提供において
協力していくために，相互が認めるべき原則を文書としてまとめたもの
である。その内容として，まず最初に政府はサードセクターについて，
政府とは異なった公共的な役割があることを認めるということが書かれ
ている。サードセクターは政府よりも早く，新しく対応すべき公共的な
課題を発見し，柔軟にこれに対応できる点で独自の貢献があり，それら
の課題にやがて公共部門が制度的に対応することをうながすという役割
がある。政府はこの点でのサードセクターの公共的な意義を最大限に認
めるということをまずは宣言している。そのため，政府にはこのサード
セクターを支援する役割があり，適切なかたちで補助金等を継続的に提
供する義務があるとされている。そして，その資金的な援助は，公平で
透明なやり方で行われるべきであり，サードセクターもその実現に協力
すべきであるとされている（玉野，2008）。

　さらに，注目すべきは，この補助金等の提供に関する審査の過程で，
サードセクターにおける当該の団体が，たとえ政府に批判的な運動に関
与しているとしても，そのことを理由に審査が不利になることがあって
はならないと，わざわざ特記されていることである。日本ならば，なぜ
行政の公的な方針に従わない政治的な団体に税金で補助を与えなければ
ならないのか，と問題になりそうなことであるが，イギリスでは現状の
政府の方針が必ずしも公的に十分なものではないことを認め，かつサー
ドセクターには真に公的な課題を政府よりも早く発見する機能があるこ
とを認めていることが，このようなコンパクトの表現に表れていると解
釈できるだろう。

　以上，イギリスの場合は，アメリカとはまた違った意味で，公的な課題をめぐる市民と政府の位置づけについての考え方が見て取れる。いずれにせよ，そこからは日本における市民と行政の協働を考えるうえで，大きな示唆がえられるのはないかと思う。

（3）町内会・自治会との協働

　最後に，日本における市民活動団体が行政とどのように協働していくのが望ましいかを，前章で扱った町内会・自治会の経験もふまえながら，展望してみたい。

　前章で詳しく扱った町内会・自治会の経験からもわかるように，日本における行政と市民の協働は，ともすれば，対等な意味での協働というよりも，行政の方針に市民が協力していくという，いわば下請的なものになりやすい。それは市民社会の文化的傾向というよりも，「統治性」という国家権力における統治技術の特質であった。したがって，町内会・自治会の担い手が歴史的な偶然ゆえにもっていたものとは異なる「階級性」を有する市民活動団体が，これをすんなりと受け入れるとは限らない。事実，多くの市民活動団体はその財政基盤の脆弱さゆえに，行政からの補助や委託に頼らざるえない中でも，行政の方針に唯々諾々と従うことに，必ずしも納得はしていないのである。

　この点で，アメリカやイギリスの事例は示唆的である。アメリカでは免税措置を認めることで市民が政府とNPOを選べることを認めている。イギリスでは政府がサードセクターの公共的意義を最大限に認めることで，協力を可能にしている。いずれも公共的な課題にたいして政府が優先的な決定権をもつのではなく，市民と対等に分かち合う考え方になっている。この点は日本の行政が学ぶべき点である。行政は公共的な課題を明らかにし，それに対処する責任を有するが，どうするかについて

は，つねに市民と対等に話し合って決めていくという姿勢を堅持すべきである。少なくとも，市民活動団体はそうでなければ行政とは協働できないという担い手の特質＝「階級性」をもっているのである。

　そうすると，この点をめぐって行政と町内会・自治会，そして市民活動団体の三者で，相互の特質を活かした協働のしくみを考えていく必要がある。行政は予算と人員を有し，公共的な課題につねに注視するだけの組織を有している。町内会・自治会は活動力は衰えたとはいえ，つねに公共的な立場にあることが広く認められている。これにたいして市民活動団体は自らの関心に限定されているとはいえ，それについては高い活動力と専門性を有している。したがって，従来はしばしばそのように考えられてきたのだが，町内会・自治会と市民活動団体が一緒に仲良く活動する必要はない。町内会・自治会は行政とともに公共的な課題の認識を地域で共有する点に注力し，具体的な取り組みについては自ら行うのではなく，適切な市民活動団体に任せることについて，地域の合意を調達することを主たる役割としてはどうだろうか。そのような場での合意を確認しながら，特定の市民活動団体に行政が補助や委託を行っていく。場合によっては町内会・自治会がその会費から市民活動団体に補助を行ってもいいだろう。さらに，市民活動団体が行政と対等に渡り合えるように，町内会・自治会がその後ろ盾になれれば，理想的である。しかし，これについては市民活動団体と町内会・自治会の間に十分な信頼関係が成立しなければならないので，すぐにはむずかしいだろう。それでも，いずれ市民活動団体と町内会・自治会の担い手たちの「階級性」も，それほど違ったものではなくなっていくので，市民活動団体の公的な貢献が町内会・自治会に徐々に認められていくことで，やがて実現すると期待できる。

　いずれにせよ，行政と町内会・自治会が作り出す地域的な合意の下

で，市民活動団体が生き生きと活動することによって，公共的な課題が解決されていくという経験を積み重ねながら，日本の都市コミュニティは新しい段階へと進んでいけるのではないだろうか。

1. 身近な市民活動団体の具体例を挙げてみよう。
2. アメリカ，イギリスと比べたときの，日本の国家行政の特質について，考えてみよう。
3. サードプレイスの「インフォーマルではあるが，パブリックな場」とは，どのような意味か考えてみよう。

参考文献

Oldenburg, Ray, 1989, *The Great Good Place*：*Cafés, Coffee shops, Bookstores, Bars, Hair Salons and Other Hangouts at the Heart of a Community*, New York：Paragon Books.〈＝忠平美幸訳（2013）『サードプレイス―コミュニティの核になる「とびきり居心地よい場所」』みすず書房〉

磯村英一（1989）『磯村英一都市論集 II』有斐閣

熊代昭彦編（1998）『日本の NPO 法―特定非営利活動促進法の意義と解説』ぎょうせい

鈴木栄太郎（1957）『都市社会学原理［増補版］』有斐閣〈＝（1969）『鈴木栄太郎著作集 VI　都市社会学原理』未来社〉

須田木綿子（2001）『素顔のアメリカ NPO ―貧困と向き合った 8 年間』青木書店

全国社会福祉協議会編（1979）『在宅福祉サービスの戦略』全国社会福祉協議会

田中弥生（2006）『NPO が自立する日―行政の下請化に未来はない』日本評論社

玉野和志（2005）『東京のローカル・コミュニティ―ある町の物語一九〇〇―八〇』東京大学出版会

玉野和志（2008）「コミュニティ政策の課題―英国パートナーシップ政策との比較から」日本地方自治学会編『地方自治叢書 20　合意形成と地方自治』敬文堂：89-104

原田峻（2020）『ロビイングの政治社会学― NPO 法制定・改正をめぐる政策過程と社会運動』有斐閣

増山均（1986）『子ども組織の教育学』青木書店

松下圭一（1986）『社会教育の終焉』筑摩書房

山口稔（2000）『社会福祉協議会理論の形成と発展』八千代出版

吉田久一（2004）『新・日本社会事業の歴史』

11 | グローバル化と都市

伊藤泰郎

《**目標＆ポイント**》 1970 年代以降の国境を超えた経済活動の拡大は，国家の影響力の低下や役割の変容をもたらすとともに，都市や地域のあり方も変えることになった。本章では，グローバル化と都市との関係を捉えた理論的な枠組みをおさえるとともに，世界的な都市間競争や都市内部の格差拡大について，東京の事例から考える。

《**キーワード**》 グローバル化，世界都市仮説，グローバル・シティ，都市間競争

1. グローバル化とは何か

　現代は，資本や人，物，サービス，情報，文化などが国境を越えて活発に行き交う時代である。製造業は低賃金の労働力を求めて途上国などへ生産拠点を移動させ，高い賃金や安定した生活を求めて出身国の外に活路を求める人々も増えている。食べ物や衣服，雑貨など，海外で作られた物は我々の日常生活の至るところに存在しており，商品の生産がひとつの国で完結していることの方がむしろ珍しい。

　交通手段の発達や技術革新によってもたらされたこうした状況について，「グローバル化」（globalization）という言葉が使われるようになったのは 1980 年代以降であり，学術研究の領域で定着したのは 1990 年代であると言われる。

　もっとも，グローバル化という現象自体はこれ以前から存在した。その始まりとして，15 世紀から 17 世紀にかけての大航海時代が挙げられるこ

154

とも多い。大航海時代には，西ヨーロッパからアフリカやアジア，アメリカ大陸への新たな航路が開拓され，西欧諸国の重商主義的な政策のもとで，世界的な貿易が発達した。I. ウォーラーステイン（Wallerstein, I.）は，この時期に形成された資本主義世界経済を「近代世界システム」という単一なシステムであると捉え，国際分業によって中心・半周辺・周辺という3つの不均等な構造が形成されるとした[1]。

また，グローバル化の画期となった時代として，欧米諸国による自由市場体制が形成された19世紀末を挙げることもできる。この時代には，産業革命による大量生産の拡大を背景として，アジアやアフリカの植民地分割が進められ，これらの地域は原料の供給や製品の販売市場とされるだけでなく，資本輸出の対象にもなった。交通手段や通信技術の発達も世界の一体化を促し，移民の数も増大した。

それでは，なぜ近年「グローバル化」という新たな言葉が使われるようになったのであろうか。大航海時代や19世紀末のように，いま私たちが生きているこの時代が歴史の大きな転換点にあるという認識があるからである。地理学者である D. ハーヴェイ（Harvey, D.）は，グローバル化を「時間と空間の圧縮」であると定義した。交通や通信手段の発達や低価格化は，あらゆる種類の移動にかかる時間の短縮をもたらし，空間的な隔たりによる制約を急激に減少させることになった。特に，ある場所で行われた意思決定を瞬時に広域かつ多様な空間に伝えることが可能になったことは，世界経済のあり方を大きく変化させた。

冒頭でも述べたように，製造業の生産過程は多くの部分的な工程へと分解され，それらは企業の世界戦略にとって最も有利な地域へと配置されている。伝統的な国際分業において，先進国が製造業，発展途上国が農業を担っていたことを考えれば，資本主義の歴史の上で非常に大きな転換であったと言える。こうした状況は，70年代後半に F. フレーベル

1）ウォーラーステインは，中心と周辺の間に「半周辺」を置くことにより，中心からの没落や周辺からの上昇といった各地域の相対的地位が変化する可能性を理論化している。

（Fröbel, F.）らによって「新国際分業（the New International Division of Labour：NIDL）」として概念化された。また，製造業だけでなく，銀行や各種金融機関などの多国籍化も急速に進展している。

　こうした国境を超えた経済活動の拡大は，一国単位で経済システムを運営し社会を統合することを困難にさせ，国家の影響力の低下や役割の変容をもたらした[2]。国家という分析単位が有効であるという前提を問い直し，文字通り地球規模（global）で捉える必要があるという主張が「グローバル化」という言葉には込められている。

　一方，「グローバル化」としばしばほぼ同義に使われることがある言葉として，「国際化（internationalization）」がある。「国際」という視点は，国家という分析単位が依然として有効である対象を分析する場合に意味を持つ。国家の影響力や役割は失われてしまった訳ではない。国境による制約は依然として存在しており，グローバル化によってそうした制約がはっきりと浮かび上がることもある。「グローバル化」と「国際化」という二つの言葉を自覚的に区別して使うのであれば，グローバル化が国境という境界の内部にもたらす変動が「国際化」であると言えるかもしれない[3]。

　「グローバル」に対比する言葉として「ローカル」がある。グローバル化は，日常的には「ローカル」な場に生活する人々を，はるか遠くで起こっている様々な出来事に結びつけることになった。都市や地域のあり方も，グローバルなつながりの中にどのような形で組み込まれているかによって異なっている。まずは，グローバル化と都市の関係について考察した代表的な研究を紹介することにしたい。

2）1970年代の石油危機以降の低成長の時代において，国家は財政的な余裕を失い，政策に市場原理を導入する新自由主義が台頭することになった。福祉国家の後退とでも言うべきこうした側面についても，同時期に起こった国家の変容としておさえておく必要がある。

3）日本の国際社会学の研究動向を整理した山田（2005）は，「グローバル化」と「国際化」という二つの概念がどのように異なっており，どのように関係しているかについて論じている。

156

2. 世界都市とグローバル・シティ

(1) 世界都市仮説

　都市研究において，グローバル化という視点を早い段階で明確に位置づけたのは，J. フリードマン（Friedmann, J.）が 1986 年に発表した「世界都市仮説（world city hypothesis）」である。

　フリードマンは，都市が世界経済に統合されている形式や程度，さらには都市に割り当てられている機能が，都市内部の変動に決定的な影響を及ぼすと述べている。それまでの都市研究は，基本的には国家という空間的に限定された領域を前提としており，都市の形成や発展は，その国の近代化や産業化の進展との関連において把握されてきた。それに対して，「世界都市仮説」は，国家を超えたレベルでの変動を都市研究に明確な形で導入することにより，都市研究のあり方に大きな転換をもたらした。

　国境を超えた経済活動の拡大は，国家という境界を越えて都市相互を直接的に結びつける。その結果，世界の各都市は，いくつかの限定された都市を頂点としたピラミッド型の序列に位置づけられることになる。フリードマンは主要都市の階層性を**図表 11-1** のように図示している。この図で用いられている「中核」や「半周辺」という言葉は，ウォーラーステインの議論を踏まえているが，フリードマンが都市の階層化を先進国と途上国にまたがる規模で捉えていることがわかる。

　1980 年代前半にはグローバル化と都市との関係は研究されていたが，「世界都市仮説」によって研究の枠組みが提示されたことにより，数多くの研究が生み出されることになった。その中でも早くからこの領域に注目して精力的に研究を進めた S. サッセン（Sassen, S.）の研究を見ていきたい[4]。

---

4) サッセンは，1988 年に刊行された最初の著書である『労働と資本の国際移動』で理論的な枠組みを提示した後，1991 年には実証研究の成果として『グローバル・シティ』を刊行した。後者については，大幅に改稿が加えられ 2001 年に刊行された第 2 版が日本では翻訳された。

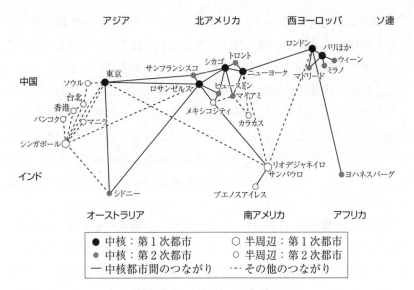

出典）フリードマン，J. ＝町村敬志訳（2012），44頁。

図表11-1　世界都市の階層性

（2）グローバル・シティ

　大都市はこれまで世界貿易や銀行業の中心として長い歴史を刻んできたが，経済活動の地理的な分散とグローバルな統合が進んだ結果，いくつかの大都市がこの役割に加えて新たな機能を担うようになった。後者のような新しいタイプの大都市をサッセンは「グローバル・シティ（global city）」[5]と名付け，前者のような「世界都市（world city）」とは区別する。

　サッセンによれば，グローバル・シティは，歴史・文化・政治・経済が異なっているにもかかわらず，いくつかの共通点がある。第一に，世界経済の核となる機能や産業の集積である。生産拠点の移転などによっ

---

5)『グローバル・シティ』において，サッセンはニューヨーク，ロンドン，東京の三都市に注目して分析を行った。近年では，この三都市に加えて，パリ，フランクフルト，アムステルダム，香港，サンパウロ，ボンベイなどの約40都市をグローバル・シティとして扱っている。

て経済活動が地理的に分散するにともない，「グローバルな組み立てライン」を統合するための機能はより高度なものになる。こうした世界的な企業の中枢管理部門が置かれるのはいくつかの限られた都市である。また，中枢管理部門の機能を支えるために，広告や会計，法務，経営コンサルティングといった専門的なビジネス向けサービスが必要とされ，急成長を遂げている。さらに，サッセンはこれまでの都市研究が注目してこなかった金融業に焦点を当て，新たな金融商品の開発に支えられることで，グローバル・シティにおいて金融市場が急速に発達したことにも言及している。

　第二に，労働という観点に立てば，こうした機能や産業は，高学歴で高所得の専門家層の集積をもたらす一方で，膨大な低賃金労働力の需要を生み出す。また，高所得者層の嗜好や消費文化に応えるために，再開発によって高級住宅街や新たな商業地区が開発されるが，そうした高所得者の生活を下支えするためにも，低賃金労働力は必要とされる。具体的には，ビル管理や清掃，警備，飲食業，ケア労働，各種の小売業などに従事する人々が増加する。これらの部門はグローバル化とは一見すると関係ないように思えるが，逆にグローバル化こそがこうした労働集約型の仕事を拡大させる。しかも，製造業の組み立てラインとは異なり，これらの部門はサービスが行われる現場から切り離すことができず，海外へ移転させることはできない。こうして，グローバル・シティでは，一つの同じメカニズムによって高所得層と低所得層がそれぞれ増加することになり，都市内部における貧富の差の拡大，さらには分極化という状況が生み出される。

　第三に，途上国からの移民の増加である。グローバル・シティへの移民の流入は，既に述べたようなメカニズムによって低賃金労働力の需要が増大したことが背景にある。また，移民がグローバル・シティに引き

寄せられるのは，単に出身国と比較して賃金が高いということだけが理由ではない。サッセンは労働力と資本の移動をセットで考える。例えば，アメリカの多国籍企業によるカリブ海諸国やラテンアメリカへの投資は，様々な波及効果を及ぼして投資先の国々から逆にアメリカへの人の流れを生み出している。そして，多国籍企業の本社が置かれるグローバル・シティが移民の到達点となる[6]。このように，多国籍企業論と移民研究を結びつけ，現代の移民のダイナミクスを描き出した点で，サッセンの功績は大きい。

　サッセンの関心は，グローバル・シティという具体的な「場」においてグローバル化という現象がどのような形で現れるのかという点にある。「時間と空間の圧縮」が進む現代においても，国境を超えた経済活動は具体的で「ローカル」な「場」を必要とするのである。

3. 世界的な都市間競争

　すでに述べたように，国境を超えた経済活動の拡大は，国家という境界を越えて都市相互を直接的に結びつける。そうした状況においては，グローバル化の流れに乗って都市を経済的な発展の原動力としようとする動きも出てくる。

　サッセンがグローバル・シティの代表例と捉えたニューヨークやロンドンは，1970年代末においては財政危機や産業の構造転換にともなう都市衰退が問題とされていた。これを打開するために，これらの都市では国際金融センターの強化を軸とした都市再活性化戦略が選択され，目指すべきモデルには「世界都市」という名称が付与されるに至る。こうして生まれた「世界都市」戦略は，新自由主義的な政治動向とも結びつき，新しい都市開発路線を導く政策的なパッケージとして確立され，世

6）サッセンは，人の移動が起きる前提条件として，移民の出身国と受け入れ国との間に文化的なつながりがあることも主張する。グローバル・シティが実際には様々な文化の生産や伝播の中心地になっていることも，あわせて考える必要があるだろう。

界的な都市の序列の第二次ランクや第三次ランクに位置する「成りたが
り世界都市（wannabe world city）」へと流布されていった。

　「世界都市」という言葉は，研究者によってグローバル化と都市の関
係を分析するための概念として用いられる一方で，都市政策に関わる
人々などの間では，開発のためのイデオロギーとして異なる形で用いら
れたのである。

　世界の各都市は，国際的な競争を勝ち抜くために他の都市との差異化
をはかり，「シティセールス」にしのぎを削っている。税制上の優遇措
置などの制度を整備するだけではない。多国籍企業のビジネスに適した
情報通信や交通のインフラ整備を進めるとともに，グローバル・エリー
トにとって魅力的な商業施設や娯楽施設を用意する。都市のこうした変
化をハーヴェイは「都市管理主義」から「都市起業家主義」への転換で
あると述べている。また，こうした都市間競争は，都市政策に関わる
人々だけでなく広く一般市民を巻き込み，競争意識ないしは危機意識を
煽ることを通じて進められる。例えば，『東京都市白書』2015年度版で
は，「都市の成長がその国の成長を牽引します」という言葉とともに，
世界の様々な都市ランキングが掲載されている。

4．グローバル化と東京の再編

（1）東京の「世界都市戦略」

　日本がバブル経済に沸き立っていた1980年代，東京の「世界都市」
戦略は鈴木俊一都政において始まった。低成長期に新たな都市の成長基
盤を構築することを目指した東京都に加え，貿易摩擦の解消のために内
需拡大を迫られていた中央省庁や，脱工業化時代の到来に対応した産業
界の動きとも連携して，この戦略は進められた。高度成長期以来の日本
の国土政策が大都市からの機能分散を進めるものであったことを考える

と，東京の「世界都市」戦略の登場はそれまでの政策基調の大きな転換であった。

1990年代の本格化する世界の都市間競争に先行して行われた東京の「世界都市」戦略であったが，バブル経済の崩壊後の停滞により，金融市場としての機能はニューヨークやロンドンに引き離されることになる一方で，輸出加工区の整備などにより急速な成長を遂げたアジア諸国の大都市に追い上げられることになった。

東京の「世界都市」戦略はバブル経済の崩壊後も継承され，青島幸男都政を経て，1999年からの石原慎太郎都政へと引き継がれる。上野淳子（2010）によれば，石原都政による「世界都市」戦略はそれまでとは3つの点で大きく異なっていた。

第一に，対象範囲が東京都のみではなく東京圏全体に拡大されたという点である。『東京構想2000』では「環状メガロポリス構造」という東京圏全体の空間再編が国や周辺県を巻き込んだ形で提案されている。第二に，鈴木都政が目指した多核心型都市開発の否定である。「環状メガロポリス構造」では，首都高速中央環状線に囲まれた都心・副都心の区を「センター・コア・エリア」と名づけ，都心・副都心を一体的に捉える。第三に，国際的な金融情報機能に特化せず，幅広い機能を持つ「世界都市」を想定している点である。『東京構想2000』では，「センター・コア・エリア」の将来像は，「国際ビジネスセンター機能をはじめ業務，商業，文化，居住等多様な機能が高密度に集積し」「歴史的・文化的遺産がまちづくりに活かされ，首都の風格を備えた都市空間」[7] として描かれている。

厳しい財政状況において，東京都による大がかりな空間的な再編はどのように進められていったのか。上野（2010）は東京都の重点事業の位置づけやそれぞれの事業費の比率から明らかにしている。

---

7)『東京構想2000』のサブタイトルは「千客万来の世界都市」であった。

　石原都政は 2002 年に「重要施策についての基本方針」を策定し，七つの戦略的取り組みを次年度以降の「重点事業」とした。これ以降，毎年重点事業の指定を行ったが，その変遷を上野は大きく 3 つの時期に分けている。①東京都の構造改革に向けた 3 ヵ年プロジェクトが実施された時期（2003〜2005 年度），②オリンピック誘致の準備期（2006〜2007 年度），③オリンピック開催のための都市改造期（2008〜10 年度）である。「東京オリンピック誘致に向けた都民運動」が重点事業に初めて掲げられたのは，2006 年度であった。

　図表 11-2 は，東京都が重点的に取り組む分野の位置づけの変化であり，図表 11-3 は戦略分野ごとの事業費の比率の推移である。

　重点事業では一貫して都市構造再編に関する分野が第一に挙げられており，丸の内地区や品川駅・渋谷駅の整備など，都心部の民間によるまちづくりが具体的なプロジェクトとして示された。事業費の比率が上昇したのは，都市基盤・物流，危機管理・治安，住み働く場／水と緑といったインフラ整備と関わる 3 分野である。危機管理・治安における比重は，当初掲げられていた治安対策から，幹線道路の整備をともなった沿道の不燃化，建物の耐震化，浸水対策といったインフラ整備へと移行した。また。初期にあった住宅政策は重点事業から抜け落ち，緑化やヒートアイランド対策，水辺整備などの「水とみどり」のまちづくりへと変化した。最も上昇した都市基盤・物流分野は，三環状道路関連の事業が含まれていることが大きく，事業費の総額を押し上げることになった。

　一方で，事業費の比率が減少したのは，教育／人材育成や福祉・医療／自立支援である。教育分野の目標は，青少年の教育から障がい者の就労支援や地域社会を担う人材育成などの「人材育成」へと変わり，福祉・医療分野の戦略は「大都市東京にふさわしい福祉・医療改革」から

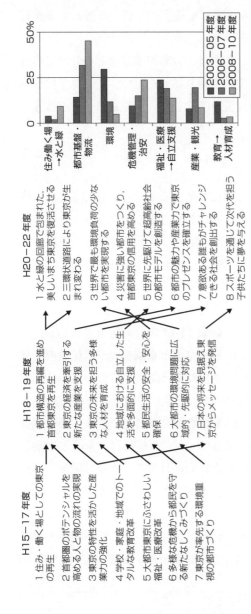

凡例：2003-05年度／2006-07年度／2008-10年度

（縦軸）0／25／50%

（分野）住み・働く場→水と緑／都市基盤・物流／環境／危機管理・治安／福祉・医療→自立支援／産業・観光／教育→人材育成

H15-17年度

1 住み・働く場としての東京の再生
2 首都圏のポテンシャルを高める人と物の流れの実現
3 東京の特性を活かした産業の強化
4 学校・家庭・地域でのトータルな教育改革
5 大都市東京にふさわしい福祉・医療改革
6 多様な危機から都民を守る新たなしくみづくり
7 東京が率先する環境重視の都市づくり

H18-19年度

1 都市構造の再編を進め首都東京を再生
2 首都圏経済の牽引する新たな産業を支援
3 東京の未来を担う多様な人材を育成
4 地域における自立した生活を多面的に支援
5 都民生活の安全・安心を確保
6 大都市の環境問題に広域的・先駆的に対応
7 日本の将来を見据え東京からメッセージを発信

H20-22年度

1 水と緑の回廊で包まれた、美しいまち東京を復活させる
2 三環状道路により東京が生まれ変わる
3 世界で最も環境負荷の少ない都市を実現する
4 災害に強い都市をつくり、首都東京の信用を高める
5 世界に先駆けて超高齢社会の都市モデルを創造する
6 都市の魅力や産業力で東京のプレゼンスを確立する
7 意欲のある誰もがチャレンジできる社会を創出する
8 スポーツを通じて次代を担う子供たちに夢を与える

図表11-2　重点的に取り組む分野の位置づけの変化（左3列）（分野の番号は掲載順）

図表11-3　戦略分野ごとの事業費の比率の推移（右）

図表11-2および図表11-3の資料：東京都『重要施策及び平成15年度重点事業～構造改革を推進するための戦略指針～』、平成16年度から平成19年度の各年度版『重点事業』、『「10年後の東京」への実行プログラム2008』

図表11-3の注1）2006年度以降については、複数分野にまたがる施策はそれぞれの分野に再掲されているため、分野ごとの事業費比率の合計は100％を超える。

2）事業費総額は2003-05年度666億円、2006-07年度1,627億円、2008-10年度1兆6,700億円である。

出典）上野淳子（2010）、209頁。

「地域における自立した支援を多面的に支援」へと自立支援の強調が目
立つようになった。

　以上の上野の分析が明らかにしたのは，教育や福祉などの分野で移管
や民営化，効率化を進めて財政支出を切り詰めた上で，インフラ整備へ
の資源の投入により都心部への投資を喚起して「世界都市化」を推進す
るという，2000年代の東京の姿であった。

（2）東京における格差の拡大

　最後に，グローバル化と都市の関係を考える上で重要な論点である格
差の拡大について，統計データをもとにした分析から見ておきたい。園
部雅久（2001）は，1980年代の東京の職業階層や所得階層を分析した
結果，ニューヨークやロンドンと比較して東京は「はっきりとした分極
化の傾向は見られず，あるとすれば，その＜兆し＞であった」（73頁）
と述べていたが，その後の変化はどうであろうか。

　まず，東京都全体を見てみたい。**図表11-4**は，町村敬志（2020）が
全国消費実態調査をもとに計算した日本全国と東京都のジニ係数の推移
である[8]。ジニ係数は，所得の不平等を表す尺度として広く用いられて
おり，値が大きいほど格差が大きいことを示している。この図表から
は，日本も東京も1980年代から格差が拡大する傾向にあり，東京の格
差は全国よりもさらに拡大したことが分かる[9]。町村は，全国と比較し
て東京の変化が大きく波うっている点にも注目する。東京の場合，株式
や土地などの資産に由来する収入の影響が大きく，バブル期やアベノミ
クスの時期には格差が急拡大する。このことから，東京で起こっている
のは単なる二極分化ではなく，不安定就労を強いられる低所得層と正規
雇用の中間層に加え，限られた規模ではあるが資産家層（スーパーリッ

8）計算では二人以上世帯の年間世帯収入を用いている。
9）町村は，最上位10％世帯の平均収入を最下位10％世帯の平均収入で割った値
も計算してグラフを作成している。1984年に約6倍だった値は2014年には約9.5
倍と増加しており，この値からも格差が拡大したことが分かる。

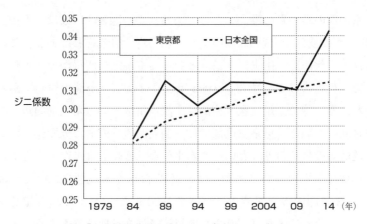

出所）総務省『全国消費実態調査報告』各年版より作成。
出典）町村敬志（2020），163頁。

図表11-4　年間収入のジニ係数：2人以上の世帯

チ層）が存在することにより，格差が重層化していると述べている。

　上野淳子（2020）は，東京都区部の職業別の従業者数や平均所得の推移から，1990年代以降の東京の変化は，サッセンが論じたような高所得層と低所得層の拡大による二極分化ではないとする。東京都区部では専門技術職が増加する一方，技能工の構成比が急減しており，平均所得から見て中間層に位置する販売職も構成比が低下した[10]。このことは中間層の縮小が確かに起きていることを示している。しかし，専門技術職の中で顕著な増加を示しているのは，建設業や製造業の技術者と対個人サービスである医療・福祉であり，弁護士や公認会計士といった専門的なビジネス向けサービスではない。したがって，こうした変化は，グローバル経済の浸透や国際金融センター化にともなうものではなく，自営商店主の廃業やサービス経済の発展，情報化といった産業構造の転換とそれへの対応の帰結であると述べている。

10）上野は国勢調査を用いた分析を行っており，東京都区部の従業者数に占める割合は，1990年から2015年の25年間において，専門技術職が5.3％増加する一方，技能工は8.6％，販売職は4.5％減少した。

　東京内部の地域別の動向はどうであろうか。**図表11-5**は，丸山真央（2015）が作成した東京23区のエリア別平均所得の推移である。この表からは，千代田区・中央区・港区といった都心区の所得が大きく伸びる一方で，他のエリアの所得が1995年以降は横ばいか減少傾向にあることがわかる。特に，足立区・葛飾区・江戸川区といった東部周辺区の減少が目立っている。東京都区部では，個人間の垂直的な分極化だけでなく，地域間の格差の拡大といった水平的な分極化も進んだと言える。

　橋本健二・平原幸輝（2020）は，東京23区から範囲を拡げて，都心から60キロ圏内の空間構造について1990年から2010年の変遷を分析している。それによれば，30キロ圏以遠に都心を取り巻くように広がっていた高所得地域の所得水準が急速に低下する一方，都心部の高所得地

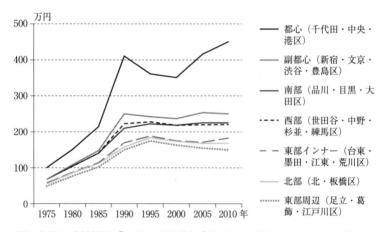

注）東洋経済新報社『地域経済総覧』各年版から作成。元データは「市町村税課税状況等の調」と国勢調査。各区の課税対象所得額を人口で除した。

出典）丸山真央（2015），58頁。

図表11-5　東京23区のエリア別平均所得の推移

域が特に南西方向に拡大し，周辺を取り巻いていた低所得地域を吸収して，広大な高所得地域が形成されたとする。その結果，都心を頂点とするヒエラルキー構造が確立されるに至ったと述べている。

　グローバル化，さらにはその波に乗ろうとする「世界都市」戦略は東京をどのように変えていくのだろうか。グローバル化以外の要因にも影響を受けながら，東京における個人間・地域間の分極化は着実に進行しており，新たな様相を見せている。こうした分極化の問題に対してどのように取り組むかが現在の東京に問われていると言えよう。

学習の
ヒント

1．自分が住んでいる地域にグローバル化はどのように影響を与えているだろうか。産業や住民構成，商業施設，景観など，様々な角度から調べてみよう。

2．本章で取り上げた東京都以外の自治体は，グローバル化にどのように対応しているだろうか。ホームページなども用いて調べてみよう。

参考文献

Friedmann, J. (1986) "The World City Hypothesis", *Development and Change*, 17 (1), The Free Press：69-83.〈＝町村敬志訳（2012）「世界都市仮説」町村敬志編『都市の政治経済学』(都市社会学セレクションⅢ) 日本評論社：37-57.〉

Fröbel, F., Heinrichs, J. and Kreye O. (1980) *The New International Division of Labour*, Cambridge University Press.

Harvey, D. (1989) *The Condition of Post Modernity*, Blackwell.〈＝吉原直樹監訳 (1999)『ポストモダニティの条件』青木書店〉

Harvey, D. (1989) "From managerialism to entrepreneurialism：The transformation in urban governance in late capitalism", Geografiska annaler, Series B：*Human geography*, 71 (1)：3-17.〈＝廣松悟訳 (1997)「都市管理者主義から都市企業家主義へ―後期資本主義における都市統治の変容」『空間・社会・地理思想』2：36-53.〉

Sassen, S. (1988) *The Mobility of Labor and Capital：A Study in International Investment and Labor Flow*, Cambridge University Press.〈＝森田桐郎ほか訳 (1992)『労働と資本の国際移動―世界都市と移民労働者』岩波書店〉

Sassen, S. (1992 = 2001 2nd Edition) *The Global City：New York, London, Tokyo,* Princeton University Press.〈＝伊豫谷登士翁監訳 (2008)『グローバルシティ―ニューヨーク・ロンドン・東京から世界を読む』筑摩書房〉

Wallerstein, I. (1983) *Historical Capitalism*, Verso.〈＝川北稔訳 (1985)『史的システムとしての資本主義』岩波書店〉

上野淳子 (2010)「東京都の「世界都市」化戦略と政治改革」『日本都市社会学会年報』28：201-217.

上野淳子 (2020)「世界都市の成立と格差の拡大」『都市社会学を学ぶ人のために』世界思想社, 161-174.

園部雅久 (2001)『現代大都市社会論―分極化する都市？』東信堂

橋本健二・平原幸輝 (2020)「東京圏における経済格差の空間的構造とその変遷」橋本健二・浅川達人『格差社会と都市空間―東京圏の社会地図 1990-2010』鹿島出版会：111-139.

町村敬志 (1994)『「世界都市」東京の構造転換』東京大学出版会

町村敬志 (2002)「世界都市からグローバルシティへ」梶田孝道・宮島喬編『国際化

する日本社会』東京大学出版会：97-128.

町村敬志（2020）『都市に聴け―アーバン・スタディーズから読み解く東京』有斐閣

丸山真央（2010）「ネオリベラリズムの時代における東京の都市リストラクチャリン
　グ研究に向けて」『日本都市社会学会年報』28：219-235.

丸山真央（2015）「大都市問題の変容―「都心問題」を中心に」『都市問題』106（11）：
　52-61.

山口恵子（2022）「都市の不平等はどのように進行しているのか」平井太郎・松尾浩
　一郎・山口恵子『地域・都市の社会学―実感から問いを深める理論と方法』有斐
　閣：126-144.

山田信行（2005）「分野別研究動向（国際）」『社会学評論』56（2）：500-517.

12 | 「国際化」と地域社会

伊藤泰郎

《目標＆ポイント》　1970 年代終わりからの日本へのニューカマーの来住過程を在留外国人数の変化から概観するとともに，都道府県ごとの来住者の差異や各地に形成された集住地域の特徴についておさえる。その上で，都市社会学の成果を中心に，日本人の外国人に対する意識に影響を及ぼす要因について考える。
《キーワード》　在留外国人，エスニックコミュニティ，寛容度

1. 日本における在留外国人の増加

　2022 年末現在で日本には 307 万 5213 人の外国人が住んでいる。1970 年代半ばに 70 万人余りであったことを考えると，その数は約 4 倍になった。1970 年代の終わりから 1980 年代初めにかけて，欧米系のビジネスマン，インドシナ難民，中国帰国者，そしてフィリピンなどからの女性の来住によって在留外国人数[1] は増加の兆候を示していたが，本格的に増加するのは 1980 年代半ばである。

　1950 年代から 1970 年代初頭にかけて，西欧の先進諸国は移民労働者を大量に受け入れたが，日本の高度成長は地方から大都市圏に仕事を求めて移住する若年労働者や出稼ぎ労働者などによって支えられた。1985 年のプラザ合意は急激な円高をもたらし，その後に続くバブル経

1）2012 年 7 月に外国人登録制度が廃止され，新しい在留管理制度のもとでは，外国人も住民基本台帳に記載されることになった。日本に住む外国人の数は外国人登録者数によって把握されることが多かったが（国勢調査等でも把握は可能である），これ以降は中長期滞在者と特別永住者を合計した在留外国人数が用いられるようになった。外国人登録者数と在留外国人数には微妙なずれがあるため単純に比較はできないが，本章で外国人数を示す場合は，2011 年以前は前者を 2012 年以降は後者を用いることにし，いずれも「在留外国人数」という用語で表すことにする。

済は新たな非熟練労働力の供給源を求めた。また，グローバル化の進展はアジア域内における労働力の移動を活発化させていた。これらの状況を背景に，いわゆる3K労働に従事するアジアからの男性の外国人労働者が急増したのである。

　こうした人々の中には非正規滞在者も少なくなかった。日本は非熟練労働者の入国を認めない政策をとっていたため，就労のための正規の在留資格を得ることができなかったのである。また，1980年代半ばは留学生や日本語学校等が受け入れる「就学生」が急増するとともに，中国帰国者の増加が本格化した時期でもある。

　南米出身の日系人は，「デカセギ」を斡旋するビジネスが確立したことや出身国の経済状況の悪化により，1980年代後半から明確に増加する。そして，1990年に改正入管法が施行され，日系三世などを対象とした在留資格である「定住者」が設けられたことを契機として急増した。「定住者」と日系一世の配偶者や日系二世に与えられる在留資格である「日本人の配偶者等」は，就労に制限がない。特に自動車産業や電機産業を中心に，企業は積極的に日系人を雇用した。バブル経済の崩壊以降は，日系人が就労する業種の多様化が進んだ。

　一方で，1993年には技能実習制度が開始された。途上国への技能移転を目的として掲げるこの制度は，実質的に外国人を非熟練労働に就労させることを可能にするものであった。1997年には「研修」が1年，「技能実習」が2年という，合計して最長3年の活動が認められるようになった[2]。原則的に研修・技能実習を行う企業を変更できないことなどもあって，繊維産業などの構造的不況業種や，慢性的な人手不足と担い手の高齢化に直面していた農業などにおいて受け入れが進んだ。受け入れ期間が決まっており，企業にとって雇用の調整弁として利用しやすかったことや，賃金が日系人と比較して安価であったことなどから，2000年代には

---

2) 研修終了後に技能検定試験に合格すれば，技能実習生として引き続き滞在することができる。2009年の入管法改正により，3年間の技能実習制度として一本化された。また，2017年11月からは，条件を満たせば最長5年間の受け入れが可能になった。

日系人から研修生・技能実習生へと雇用をシフトする企業も増えていく[3]。

バブル経済の崩壊後の景気後退期においても，在留外国人数は減少することなく増加を続けた。外国人労働者はコスト削減のために求められ，さらには雇用の調整弁を担う「フレキシブルな労働力」として扱われるようになったからである。フレキシブルな労働力であるということは，生産変動にともなう短期的な雇用調整の影響を受けるだけではない。2008年に発生したいわゆるリーマン・ショックの際には，外国人労働者は大量に解雇され，それまで一貫して増加を続けてきた在留外国人数は，2009年から2012年までの4年にわたって減少することになった。

一方，日本の人口は2008年をピークとして減少に転じ，労働市場に供給される労働者が不足する事態がもたらされた。特に「団塊の世代」が生産年齢人口から抜けた2010年代前半以降，人手不足の状況はより顕著である。こうした状況において，外国人労働者は再び「人手不足」を解消する手段として求められるようになる。2015年から在留外国人数は対前年比で5～7％台と高い増加率を示し，2019年には293万3137人と過去最多となった。また，2019年4月には在留資格「特定技能」が創設され，非正規滞在者という「バックドア」や日系人や技能実習生という「サイドドア」ではなく，「フロントドア」から非熟練労働者を受け入れる制度に変わった。そうした中，コロナ禍において在留外国人数は2020年から2年続けて減少したが、再び増加に転じている。

図表12-1は国籍・地域別の在留外国人数の推移である[4]。在留外国

---

3) 日系四世の場合，親の扶養を受けて生活する未成年かつ未婚の者にしか「定住者」資格が認められなかったことから，日系人労働者の年齢が徐々に上がっていったことも要因として挙げられる。

4) 2012年に新しい在留管理制度が施行された際に，国籍・地域欄に台湾が記載されることになったことにともなって，中国と台湾は統計上も別に集計されることになった。本章では，それ以前のデータと比較することを目的に，2012年以降も両者を合計した数値を用いることにする。また，韓国籍と朝鮮籍は2015年より分けて集計されている。なお，韓国籍は大韓民国の国籍を有していることを意味するが，朝鮮籍は朝鮮半島という地域の出身を示すに過ぎない。

人数が増加の傾向を見せた 1970 年代後半以降に来日した人々を「ニューカマー」と呼び，それ以前から日本に在留した人々やその子どもなどを「オールドタイマー」と呼ぶが，オールドタイマーのほとんどは朝鮮半島や台湾といった旧植民地から来住した人々である。

韓国・朝鮮は，ニューカマーが来日前の 1976 年には在留外国人数の 86.3 ％を占めていた。オールドタイマーのほとんどが在日コリアンであったと言える。その数は微増ないし横ばいを続けた後，1992 年から減少しており，構成比は 2022 年には 14.2 ％になった。こうした減少の背景には，日本人（もしくは日本国籍を持つ人）との通婚率が高まり，日本国籍を持つ子どもが増えたことや，1990 年代前半から「帰化」によって日本国籍を取得する者が増加したことがある。

韓国・朝鮮以外については，近年の動向を特に見ておきたい。リーマンショックの後に大きく在留者数が減少したのはブラジルであり，最も在留者数が多かった 2007 年と比べると，2015 年のブラジルの在留者数は 45.3 ％と半分以下になった。中国，フィリピンなども在留者数が停滞する状況にあったが，2010 年代の後半になって増加率が高まる傾向にあり，ブラジルについても 2016 年には増加に転じている。

図表 12-1 で目を引くのは，2010 年代半ばからのベトナムの急増である。2010 年代の 10 年間で在留者数は約 10 倍になった。また，ネパールも急増しており，2015 年に国籍・地域別で 6 位になった。近年は，在留外国人数とは別に，外国人労働者の数を示すデータとして「「外国人雇用状況」の届出状況」が使われることがある[5]。これによれば，2022 年 10 月末の外国人労働者数は 182 万 2725 人であるが，ベトナムの構成比は 25.4 ％であり「中国（香港，マカオを含む）」を抜いて最多となっている。

---

5) 1993 年度より実施された外国人雇用状況報告制度は，2007 年 10 月 1 日に義務化された。これにより，全ての事業主は，外国人労働者（特別永住者，在留資格「外交」「公用」の者を除く）の雇入れまたは離職の際に，氏名・在留資格・在留期間等について確認し，厚生労働大臣（ハローワーク）へ届け出ることになった。これを集計したものが「「外国人雇用状況」の届出状況」であり，2008 年から 10 月末現在の数値が公表されている。

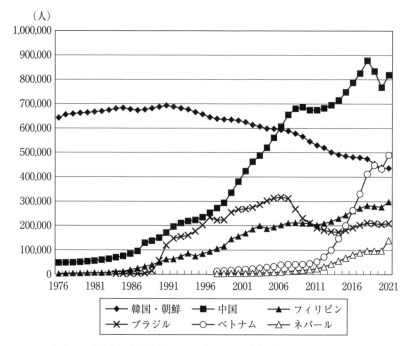

※ 2011 年までは外国人登録者数，2012 年以降は在留外国人数。中国は，2012 年
以降は中国と台湾の合計。韓国・朝鮮は，2015 年以降は韓国と朝鮮の合計。
出典）『在留外国人統計』より筆者作成。

図表12-1　国籍・地域別在留外国人数の推移（1976〜2022）

2. 地域による「国際化」の差異

　図表 12-2 には，在留外国人の 2022 年の国籍・地域別構成比を示す
とともに，上位 10 都府県について，都道府県別構成比と各都府県にお
ける国籍・地域別構成比を示した。

　この表からまず分かることは，外国人が大都市部に集中して居住して
いることである。1 位の東京が 19.4 ％であることが目を引くが，三大都

図表12-2　在留外国人数上位10都府県の国籍・地域別構成比 (2022)

順位	(%)	都道府県別構成比	中国	ベトナム	韓国・朝鮮	フィリピン	ブラジル	ネパール
	総計	100.0	26.6	15.9	14.2	9.7	6.8	4.5
1	東京	19.4	42.8	6.4	15.5	5.8	0.7	4.8
2	愛知	9.3	16.0	17.3	10.1	14.6	**21.1**	4.5
3	大阪	8.9	27.6	17.5	**34.2**	3.7	1.0	3.7
4	神奈川	8.0	31.6	12.2	11.7	10.1	3.7	3.9
5	埼玉	6.9	36.9	16.3	7.9	10.6	3.4	4.2
6	千葉	5.9	31.7	15.0	8.8	11.4	2.0	5.5
7	兵庫	4.0	19.9	21.1	**31.1**	4.6	2.0	4.2
8	静岡	3.5	10.1	14.7	4.4	17.3	**29.9**	3.7
9	福岡	2.9	22.9	22.2	17.0	6.9	0.4	13.2
10	茨城	2.6	16.3	18.7	5.4	13.2	7.5	2.2

『在留外国人統計』より筆者作成

市圏に属している7位までの都府県の構成比を合計すると62.4％にもなる。また，都道府県によって国籍・地域別構成比が大きく異なることも分かる。韓国・朝鮮は大阪府や兵庫県で構成比が高い。表に示さなかった京都府も含め，関西の大都市部は在日コリアンが多く居住しており，ニューカマーの来日以前は大阪府が在留外国人数で1位であった。一方で，愛知県や静岡県はブラジルの構成比が最も高い。リーマンショック以前には，静岡県は在留外国人の半数以上をブラジルが占めていた時期もあった。

　視点を変えて，国籍・地域や在留資格から集計したのが**図表12-3**である。「ブラジル」と「技能実習」の2つについてそれぞれ上位10都府県の構成比を示した。ブラジルは，愛知県・静岡県・三重県が1〜3位を占め，5位の岐阜県も含めて東海4県が上位に位置している。在留外国人数で1位の東京都や3位の大阪府は，上位10位までには含まれな

図表12-3 「ブラジル」と「技能実習」の上位10都府県（2022）

順位	ブラジル	（%）	技能実習	（%）
1	愛知	28.8	愛知	9.4
2	静岡	15.2	埼玉	5.5
3	三重	6.5	大阪	5.3
4	群馬	6.3	千葉	5.1
5	岐阜	5.8	茨城	4.4
6	滋賀	4.7	神奈川	4.0
7	神奈川	4.3	福岡	3.7
8	埼玉	3.5	広島	3.7
9	茨城	2.9	静岡	3.7
10	長野	2.4	岐阜	3.6

『在留外国人統計』より伊藤作成　数値は％
「技能実習」は1〜3号のイ・ロの合計

い。これら上位の県は自動車産業や電機産業の中核工場やその下請け工場が集積している地域である。第11章では，サッセンの「グローバル・シティ」論を紹介し，大都市で新たに生み出される企業向けや個人向けのサービス業に移民が吸収されるメカニズムについて考えたが，日系人はそれとは異なる旧来型の産業の労働力として必要とされ，それが現在の居住分布につながっていると言える。

　愛知県は技能実習についても1位である。しかし，ブラジルと比べると上位各都府県の構成比は低い。上位10位までの構成比を合計すると，ブラジルが80.5％であるのに対して技能実習は48.5％である。このことは，技能実習生がより地方に分散していることを意味している。技能実習生を受け入れた主要な業種のひとつが農業であったことを思い出してもらいたい。地方や構造的不況業種を技能実習生が支えるという状況は確かにある。

　ここまで，全国レベルの在留外国人数の推移と都道府県レベルの国

籍・地域別構成比から分かる違いについて述べてきた。さらにミクロな
レベルに視点を移すと，外国人が集住する具体的な地域やそのあり方が
見えてくる。

　図表12-4は，渡戸一郎（2006）による外国人集住地域の類型化であ
る。渡戸は集住地域をオールドタイマー中心型とニューカマー中心型の
大きく二つに分類する。その上で，集住地域が位置する都市（ないしは
農村）の規模や産業構造などから，いくつかの類型を設定した。

　オールドタイマーの集住地域は歴史が長く，華僑と呼ばれた中国人の
集住地域はその成立を幕末にまでさかのぼることができる。第一次大戦
頃から日本への渡航が本格化した朝鮮半島の人々は，大都市や各地の産
業都市などにおいて集住地を形成した。そうした集住地域では，様々な

図表12-4　外国人集住地域の諸類型

	大都市 都心型	大都市インナー シティ型	大都市 郊外型	鉱工業 都市型	観光地型・ 農村型
オールド タイマー 中心型 （既成市街 地，旧来型 鉱工業都市）		大阪・京都・神 戸・川崎・三河 島等の在日コリ アン・コミュニ ティ，横浜・神 戸等の中華街		北九州，筑 豊等の在日 コリアン・コ ミュニティ	
ニューカ マー中心型 （大都市中 心部から郊 外や地方へ 分散）	東京都港区・ 目黒区等の 欧米系コミュ ニティ	東京都新宿・池 袋・上野周辺の アジア系コミュ ニティ，川崎， 横浜・鶴見，名 古屋・栄東，神 戸・長田等のマ ルチエスニッ ク・コミュニティ	相模原・平塚 市等（南米日 系人），横浜 I団地（マル チエスニッ ク・コミュニ ティ）	群馬県太田・ 大泉・伊勢 崎，浜松， 豊橋，豊田， 大垣，四日 市等の南米 日系人コミュ ニティ	温泉観光地 等（フィリピ ン人等），山 形，福島等 の町村（アジ ア系配偶者， アジア系研 修生）

出典）渡戸一郎（2006），119頁。

相互扶助組織や学校，金融機関などが設立され，エスニックコミュニティが生み出された。

　ニューカマーの人々も，1990年代に入って各地の集住地域でエスニックコミュニティを作り上げてきた。居住地や仕事，生活圏の重なりから，国籍や出身地，来日時期が異なる人々の結びつきが生まれることにより，「マルチエスニック」なコミュニティも生まれている。渡戸の類型では「大都市インナーシティ型」や「大都市郊外型」にこうしたコミュニティが見られる。また，この表において，渡戸は「観光地型・農村型」の具体例として温泉観光地や山形・福島等の町村を挙げているが，「コミュニティ」という言葉を使っていないことには留意が必要である。こうした地域での居住は，むしろ分散型と言えるかもしれない。

　町村敬志（2007）は，エスニックコミュニティのあり方に影響を与える要因として，①移住者の人口規模，②在留資格や保有する各種資源，③エスニックな紐帯への移住者の依存度，④移住者の働く産業・企業が地域経済の中で占める位置，⑤地域社会の寛容性・依存度の5つを挙げている。次の節ではこれらの中で特に⑤の要因に注目してみたい。

3. 日本人の外国人に対する意識の分析

　エスニックコミュニティのあり方は，地域社会を構成する日本人の意識にも影響される。ニューカマーの来住によって在留外国人数が増加したことは確かであるが，全国の外国人人口比率は2％ほどであり，日本人が多数派である状況は，外国人の集住地域を含む多くの地域社会においても当てはまる。多数派である日本人は，少数派である外国人に対してどのような意識を持っているのであろうか。近年，排外主義に関する研究が進んでいるが，この節では，地域社会における日本人と外国人の関係を念頭に置いて進められた，都市社会学の研究を見ていきたい。

　松本康（2006）は，日本人の外国人に対する「寛容度」を扱った既存の研究では，大きく分けて3つの仮説が明らかにされてきたとする。すなわち，1）社会構成仮設，2）ネットワーク仮説，3）居住地効果仮説である。松本は日本人に対するアンケート調査の分析からこれらの仮説の検証を試みるが[6]，寛容度について考える上でそれぞれの仮説は参考になる点を多く含んでいるので，以下で詳しく見ていきたい（**図表12-5**）。

　社会構成仮説とは，その居住地における住民の社会構成が寛容度に影響を与えているとする仮説である。換言すれば，地域による寛容度の相違は，地域の特性ではなくそこに住む人々の個人特性によって説明できるとする。例えば，高齢化が進む地域で寛容度が低く，若年層が多く住む地域で寛容度が高ければ，地域特性ではなく年齢という要因で説明することも可能である。この場合，年齢は負の効果を持つと言える。

　二番目に挙げられたネットワーク仮説は，さらに二つに分けられる。外国人との直接的な関係や接触に注目するものと，日本人同士の関係の持ち方が間接的に寛容度に影響を及ぼすとするものである。前者は，外国人の友人がいる人や，日頃から外国人と接することが多い人は，寛容

図表12-5　松本康による「寛容度」に関する仮説の整理

1）社会構成仮説	
2）ネットワーク仮説	①外国人とのつながり ②日本人同士のつながり
3）居住地効果仮説	①都市度仮説 ②接触頻度仮説 ③特定のタイプの日本人集住仮説 ④特定のタイプの外国人集住仮説

出典）松本康（2006）をもとに筆者作成。

6）以下の分析では，多変量解析という分析手法が用いられている。複数の要因がもたらす影響を同時に分析するための手法である。

度が高くなるとする。ただし，接触は必ずしも寛容度を高める方向に作用するとは限らない。

　後者について少し説明が必要だろう。後者の仮説を検証しようとする研究者は，「友人数」を分析で用いることが多い。友人とは程度の差はあれ自分とは異なる存在である。友人が多い人はそれだけ自分とは異なる世界を知っている人であり，そうした人は，外国人にとどまらず様々な人に対する寛容度が高いと考える。また，遠く離れたところに住んでいる友人の有無や人数を分析で用いる場合もある。そうした友人は，自分の日常生活を相対化する視点を提供してくれると考えるからである。

　三番目の居住地効果仮説は，個人特性には還元できない居住地の集合的な特性に注目する。松本はこれをさらに，都市度仮説，接触頻度仮説，特定のタイプの日本人の集住仮説，特定のタイプの外国人の集住仮説の四つに分ける。

　都市度[7]仮説は，都市社会学では古典的なものである。松本はこの仮説を以下のように説明している。「第1に，都市度が高ければ高いほど，社会的異質性が高い。第2に，異質な人々との接触は相違への寛容を生む」（10頁）。松本はこのように都市度仮説を2段階に分けると，第2部分を後述する接触頻度仮説に置き換えられることができると言う。

　接触頻度仮説は，外国人人口比率が高い地域に住む人ほど寛容度が高いと考える。ネットワーク仮説と近い考え方であるが，分析では，外国人との関係や接触が多い人と少ない人を比較するのではなく，外国人人口比率が高い地域に住む人と低い地域に住む人を比較する点が異なる。ネットワーク仮説と同様に，要因が逆の方向に作用することもあり得る。

　特定のタイプの日本人の集住仮説についても，松本の言葉を借りて説明することにしたい。「たとえば，高学歴者や若年層など，外国人に寛容な傾向をもつ人びとの集住地では，その地域に独特な「寛容の風土」

7）人口の集中の程度を意味する。分析では居住地の人口規模がよく用いられる。

が形成され、その意見風土が、他の人びとにまで影響を及ぼす」(11頁)。

特定のタイプの外国人の集住仮説は、外国人の集住地域に住む日本人の間で、外国人に対するステレオタイプが形成される側面に焦点を当てる。ステレオタイプは、寛容度を高める方向に影響する場合もあれば、その逆もある。社会的経済的に地位の高い外国人が集住する地域では、日本人住民の寛容度が高いといった松本自身の別の研究結果もある。

松本(2006)は、以上のように仮説の整理を行った上で、名古屋大都市圏の5地域を対象にした調査の分析を行った。その結果、社会構成仮説やネットワーク仮説では地域の違いを十分に説明できないという結果が得られた。また、居住地効果のうち、都市度仮説と接触頻度仮説は反証された。そして、最終的に支持されたのは、特定のタイプの日本人の集住仮説であり、高学歴ホワイトカラーの居住地では、寛容な意見風土が形成されているのではないかと推測している。

また、松本は、代々地域に住んできた「地付き層」と思われる人々の外国人に対する寛容度の低さも指摘している。このことは、多くの近所の人とつきあいがあり、親しくつきあっている親族が近所に多いというネットワーク特性を持つ人ほど、外国人に対する寛容度が低いという知見から導き出された。松本は、別の研究において、地域に集中する親族ネットワークが夫の伝統的な家族意識を強化するとともに、妻がそうした意識の強い親族ネットワークへ拘束されることで、伝統的な家族意識が再生産されるというメカニズムを明らかにしている(松本, 1995)。このことを踏まえ、松本は「ことによると、因習への固執が、異文化への寛容度を低めているのかもしれない」と述べている。

松本による分析と合わせて、筆者による分析結果も示しておきたい(伊藤, 2011)。調査対象地には、外国人人口比率が高い地域と低い地域の比較を行うために、東京都豊島区と札幌市西区を選んだ。調査時点で

の外国人人口比率は，豊島区が 3.5 ％，西区が 0.2 ％であった。

　居住地を問わず外国人への寛容度に影響を及ぼしていたのは，年齢と外国人との接触の経験であった。年齢が若いほど，また外国人との接触の経験が多いほど，寛容度は高かった。

　豊島区と西区を比較したところ，両地域の寛容度に差がなかったことから，外国人人口比率が影響するという接触頻度仮説はやはり反証された。また，豊島区はアジア系の外国人が多く居住する地域であるが，「アジア系」というカテゴリーについて言えば，特定のタイプの外国人の集住仮説も支持されなかった。

　外国人人口比率が高い地域の住民は，年齢と外国人との接触の経験だけが寛容度に影響を及ぼしていたが，低い地域の住民の場合，日本人同士の関係の持ち方が効果を持つなど，そのメカニズムは相対的に複雑であった。谷富夫（2013）は，この結果について，外国人と日常的に接することがない地域に住んでいる日本人は，「外国人」と聞いてもイメージがつかないからであり，「外国人」のイメージが作られる過程を分析することが必要であると述べている。

　松本が取り上げた「地付き層」については，確かに親しくつきあっている親族が近所に多いほど寛容度は低かった。一方で，こうした層では，外国人との接触の経験や友人関係が多いほど寛容度が高かった。「地付き層」は地域コミュニティの中核をなしていることから，地域が外国人に対して開かれたものになる上で大きな役割を担っている。この層に対してネットワーク仮説があてはまるという知見は，地域における日本人と外国人の関係を考える上で重要であると思われる。

　ここまで，都市社会学における日本人の外国人に対する寛容度を扱った研究を見てきた。谷（2013）が述べるように，今後はこうした研究から得られた知見を実際にフィールドワークによって検証していく作業が

求められる。その際には，渡戸による外国人集住地域の類型や，町村が挙げたエスニックコミュニティのあり方に影響を与える要因のうち，本章では触れなかった他の要因についても，あわせて考察する必要があるだろう。

1. 自分が住む地域の在留外国人数を調べてみよう。国籍・地域の構成比や増減からはどのような傾向が見られるだろうか。
2. 日本人の外国人に対する「寛容度」を高めたり低めたりする要因は何だろうか。また，「寛容度」（もしくは排外主義）をアンケート調査で調べるための質問を考えてみよう。

184

参考文献

伊藤泰郎（2011）「外国人に対する寛容度の規定要因についての考察」『部落解放研究』17，広島部落解放研究所：85-103.

伊藤泰郎・崔博憲（2021）『日本で働く―外国人労働者の視点から』松籟社

梶田孝道・丹野清人・樋口直人（2005）『顔の見えない定住化―日系ブラジル人と国家・市場・移民ネットワーク』名古屋大学出版会

上林千恵子（2015）『外国人労働者受け入れと日本社会―技能実習制度の展開とジレンマ』東京大学出版会

髙谷幸編（2019）『移民政策とは何か―日本の現実から考える』人文書院

谷富夫（2013）「都市とエスニシティ―人口減少社会の入口に立って」『日本都市社会学会年報』31：35-60.

町村敬志（2019）「エスニシティと境界」長谷川公一・浜日出夫・藤村正之・町村敬志『社会学（新版）』有斐閣：407-439.

松本康（1995）「現代都市の変容とコミュニティ，ネットワーク」松本康編『増殖するネットワーク』勁草書房：1-90.

松本康（2006）「地域社会における外国人への寛容度」広田康生・町村敬志・田島淳子・渡戸一郎編『先端都市社会学の地平』ハーベスト社：8-32.

渡戸一郎（2006）「地域社会の空間と構造」町村敬志編『地域社会学の視座と方法』（地域社会学講座1）東信堂：110-130.

13 │ 地域に暮らす外国にルーツを持つ人々

伊藤泰郎

《**目標＆ポイント**》　本章では，広島という地域に焦点を当て，地域に暮らす外国にルーツを持つ人々が置かれた状況や抱えた問題について，より具体的に考える。主に取り上げるのは，在日コリアン，中国帰国者，ニューカマーの外国人労働者であり，コミュニティユニオンの活動についても紹介する。
《**キーワード**》　広島，在日コリアン，中国帰国者，日系外国人，技能実習生，コミュニティユニオン

1.　広島を事例として

　11章では，「グローバル化」と都市に関する諸理論を紹介し，東京の「世界都市」化について取り上げた。そして，12章では，全国・都道府県・外国人の集住地域といった各レベルでの「国際化」の動向をおさえ，日本人の外国人に対する意識の規定要因について考察した。この章ではやや視点を変えて，広島というひとつの地域に焦点を当て，より具体的に外国にルーツを持つ人々[1] が置かれた状況や抱える問題について考えていくことにしたい。

　広島県の2022年末の在留外国人数は5万6068人であり，都道府県別では全国で多い方から数えて15番目の県である。広島県の国籍・地域別の構成比は，構成比が高い順に挙げると，ベトナム24.0％（15.9％），中国21.9％（26.6％），フィリピン15.0％（9.7％），韓国・朝鮮13.3％（14.2％），インドネシア5.4％（3.2％），ブラジル4.1％（6.8％）など

---

1) この章では，外国籍の人だけでなく日本国籍を持つ人々も含めてより幅広く考えるために，「外国にルーツを持つ人々」という言葉を用いた。

となっている（括弧内は全国の構成比）。全国と比較するとベトナムと
フィリピンの構成比がやや高いが，広島県は外国にルーツを持つ多様な
人々が居住していることがわかる。

　広島県は，軍都であった広島市や呉市を中心として，戦前に朝鮮半島
から多くの人々が来住した歴史を持つ。広島市内にある広島朝鮮初中高
級学校は，戦後70年以上にわたって民族教育の灯をともし続け，広島
の在日コリアン社会のひとつの核となってきた。一方で，広島県は全国
で有数の移民の送り出し県でもあった。**図表13-1** に示したように，戦
前の広島県からの一般海外移民の数は全国で最も多い。サッカーの田中
マルクス闘莉王選手は祖父が広島県の出身である。また，アメリカやブ
ラジル，ペルーだけでなく，中国東北部への移住も行われた。開拓団と

図表13-1　府県別の海外・満州移民数

順位	一般海外移民 (1899〜1941)		満州移民	
1	広島	96,848	長野	37,859
2	沖縄	72,227	山形	17,177
3	熊本	68,245	熊本	12,673
4	福岡	51,240	福島	12,670
5	山口	45,223	新潟	12,641
6	和歌山	30,980	宮城	12,419
7	福島	25,923	岐阜	12,090
8	北海道	22,674	広島	11,172
9	岡山	20,839	東京	11,111
10	長崎	19,331	高知	10,082
合計		655,661		321,874

注：数値は人。一般海外移民の送出先には，旧満州・朝鮮半島・台湾は含まれていない。
出典）一般海外移民は『海外移住統計』（1994），満州移民は『満洲開拓史』（1980）
　　　より筆者作成。

青少年義勇隊を合わせた満州移民の人数は全国で 8 位であり，青少年義勇隊に限れば全国で 2 位である。そのため，県内には多くの中国帰国者も居住している。

　広島県には大手自動車メーカーであるマツダが本社と本社工場を置き，県内には多くの下請け工場が立地している。1990 年代に入ってから，こうした工場などで働くブラジルやペルーからの日系人が増加した。2022 年末のブラジルの在留者数では全国で 20 位であるが，近年在留者が増加した島根県と並んで，最も西に位置する日系人の集住地域であると言える。

　広島県のブラジルの在留者数は 2000 年代の半ばには停滞・減少する[2]。それと時期を同じくして，研修生・技能実習生が急増した。**図表13-2** からは，「研修」と「特定活動」の在留資格[3] を持つ在留外国人数が 2006 年にブラジルの在留者数を大きく上回ったことがわかる。広島県は技能実習生が多く，2010 年代半ばには全国で 2 番目に多い年もあった（2022 年は全国で 8 位）。県内では，自動車関連の製造業に加え，造船業や東部の繊維産業地域で受け入れが進み，牡蠣打ちなどの水産加工に従事する実習生もいる。

　図表13-3 には広島県内の主な自治体の在留外国人数と国籍・地域別構成比を示した。広島市は人口が多いため，構成比は広島県と類似している。最も構成比が高いのは中国であるが，県内の他の自治体と比較した場合の特徴は韓国[4] の構成比が高いことである。広島市に隣接する府

---

2) 都道府県別のブラジルの在留者数の変化を見ると，2002 年頃から国内のブラジル人の集住地域は，人口が増加を続ける地域（東海 4 県に滋賀を加えた 5 県）と停滞・減少する地域の二つに分化した。

3) 当時の技能実習生の在留資格は「特定活動」であった。「特定活動」の在留資格を持つ者には技能実習生以外にも多様な人が含まれるが，ひとつの目安にはなるだろう。なお，この章では「研修生・技能実習生」と「技能実習生」という二つの用語を用いている。2009 年の入管法改正により 3 年間の技能実習制度として一本化されたが，それより前の時期のことを扱う時は前者を用い，それ以降のことを扱う場合は後者を用いることにした。

4) 12 章では「韓国」と「朝鮮」を合計した数値を用いたが，市町村のレベルでは「朝鮮」のデータが手に入らなかったので，「韓国」の値を示した。

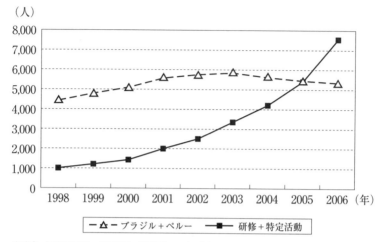

出典）伊藤泰郎・高畑幸（2008），165 頁。

図表13-2　ブラジル・ペルーと研修・特定活動の在留者数（広島県）

図表13-3　広島県内の主な自治体の在留外国人数と
国籍・地域別構成比（2022）

	総数	ベトナム	中国	フィリピン	韓国	インドネシア	ブラジル
広島県	56,068	24.0	21.9	15.0	12.0	5.4	4.1
広島市	20,316	18.7	**24.7**	10.9	21.5	2.7	2.6
福山市	9,967	**33.6**	19.6	15.1	6.7	5.3	3.4
東広島市	8,324	18.9	**40.5**	5.8	5.1	4.2	3.1
呉市	3,243	22.5	12.6	**28.9**	8.2	5.0	13.9
尾道市	3,188	21.6	8.8	**37.9**	3.1	13.9	1.8
三原市	2,292	25.3	8.9	**25.7**	3.4	12.4	6.2
廿日市市	1,425	**37.9**	13.6	16.6	10.7	6.8	1.8
海田町	910	10.0	6.9	15.2	8.6	2.0	**24.9**
安芸高田市	884	**29.3**	12.3	12.0	3.4	8.8	11.8
江田島市	743	**38.6**	11.8	22.3	1.5	16.2	1.1
府中町	711	18.0	14.6	7.9	**38.4**	2.8	2.7

注：数値は％。中国は「中国」と「台湾」の合計。各自治体で最も構成比が高いも
のを太字にした。

出典）『在留外国人統計』より筆者作成。

中町も韓国の構成比が高い。

　表には示さなかったが，市の東部に位置する安芸区に限ればブラジルの構成比が高く，それに隣接する海田町もブラジルの構成比が高い。東広島市は中国の構成比が高く，留学生が多いことなどが背景として挙げられる。ベトナムの構成比が高い自治体が多いが，呉市・尾道市・三原市においてはフィリピンの構成比も高い。

　次節以降では，戦前からの広島県の歴史をおさえるとともに，広島市が2012年に実施した「広島市外国人市民生活・意識実態調査」[5] の結果にも触れながら，広島県における外国にルーツを持つ人々が置かれた状況や抱える問題について明らかにする。本章が取り上げるのは，在日コリアン，中国帰国者，そして日系人や技能実習生といったニューカマーの外国人労働者である。あわせて，外国人労働者を支援するコミュニティユニオンの活動についても紹介したい。

2.　軍都広島と朝鮮人

　戦前の広島は移民県と軍事県の二つの顔を持つと言われる。平和都市広島は，戦前は軍都と呼ばれていた。

　広島市には陸軍第5師団が置かれたが，軍都としての性格を決定づけたのは，1894年に始められた日清戦争であった。広島市の宇品港は出征拠点として整備され，山陽鉄道の広島駅と宇品港をつなぐ軍用鉄道の宇品線がわずか2週間ほどで建設された。大本営が広島に移され，臨時の帝国議会も広島で開かれた。日清戦争後は，帰還部隊のために宇品港外の似島に陸軍の検疫所が建設され，宇品線沿線には，糧秣・兵器・被服の陸軍の三支廠が設置された。以後の戦争においても広島は海外

---

5) この調査は「生活調査」と「教育調査」の2つから構成されている。「生活調査」は，満18歳以上の外国籍の人を調査対象としており，仕事と暮らし，生活問題の相談，差別と偏見，行政サービスや施策の認知・利用など，生活全般に関して調査項目が設けられた。「教育調査」は，小学生から高校生の年齢に相当する子どもを持つ親を調査対象としており，子どもの教育に関する内容に絞って調査が行われた。以下では，前者を「広島市生活調査」，後者を「広島市教育調査」と呼ぶことにする。

への出征拠点となった（**図表 13-4**）。

　軍都として整備された広島へは，日本だけでなく植民地であった朝鮮半島からも仕事を求めて人々が集まった。広島県の朝鮮人人口が顕著に増加するのは，全国的な動向と同じ 1917 年である。

　図表 13-5 には，1925 年の朝鮮人人口上位 10 府県について人口数と職業別構成比を示した。広島県の朝鮮人人口はこの時点では全国で 9 位の 4,709 人である。府県によって職業別構成比は異なっており，大阪・愛知・兵庫・京都は「職工」，東京は「学生」，福岡・北海道は「鉱抗夫」の構成比が他と比較して高い。広島は「各種人夫」の比率が高いことが特徴である。広島市内では，宇品港での港湾労働や，軍用の衣料品を下請け工場で作る仕事など，軍事を支える職業に就いていたという証言も多く残されている。広島は他の地域と比較して慶尚南道の出身者が多い。その中でも広島市は特に陝川郡の出身者が多く，戦時中は

写真）個人蔵／広島市公文書館提供
図表 13-4　軍事施設が密集する広島城付近（1927 年撮影）

図表13-5　朝鮮人人口上位 10 府県と職業（1925 年）

		人口 （人）	職業別構成比（％）						
			学生	各種 商業	職工	鉱坑夫	各種 人夫	無就 労者	その 他計
1	大阪	34,361	0.4	1.1	27.6	0.0	25.4	34.5	10.9
2	福岡	14,245	0.2	1.1	4.6	37.7	26.1	16.1	14.2
3	東京	9,989	14.2	2.6	13.9	0.0	52.1	7.7	9.4
4	愛知	8,528	0.2	0.3	50.2	0.0	31.0	9.0	9.3
5	兵庫	8,032	0.8	1.1	28.4	0.0	35.3	20.4	13.9
6	京都	6,823	3.1	1.3	43.8	0.1	38.6	7.1	5.9
7	神奈川	6,212	0.2	0.4	3.7	0.0	86.3	8.8	0.7
8	山口	5,967	1.3	0.6	1.9	3.5	59.6	14.8	18.2
9	広島	4,709	1.3	2.0	10.5	0.0	58.3	15.4	12.5
10	北海道	4,449	0.2	0.6	0.6	43.6	41.6	8.3	5.1
	全国	136,709	1.6	1.4	18.7	7.9	43.2	16.1	11.0

出典）内務省警保局保安課「大正十四年中ニ於ケル在留朝鮮人ノ状況」より筆者
作成。

「街で朝鮮人に会っても故郷を尋ねる必要がない」という会話がよく交
わされていたという[6]。

　1945 年 8 月 6 日，広島に米軍によって原子爆弾が投下された。広島
における朝鮮人の被害は，韓国原爆被害者協会の推定では被爆者数が約
5 万人，うち被爆死した者が約 3 万人である。生き残った人のうち，約
1 万 5000 人が朝鮮半島に帰り，残った約 5000 人が在日コリアンとなる。
帰国した人々は長く日本政府の被爆者援護を受けられない状態で放置さ
れ，在日コリアンは広島の復興を底辺で支えた。以下は，『韓国人原爆
被害者 70 年史資料集』の冒頭に掲載された朴南珠（パクナムジュ）氏の言葉である。原
爆による朝鮮人の被害と戦後の在日コリアンの状況を知るために，少し
長くなるが，一部を引用したい。

6）このため，韓国国内にいる被爆者の多くが陝川出身者であり，陝川は「韓国の
ヒロシマ」と呼ばれている。韓国国内で唯一の被爆者のための福祉施設「陝川原爆
被害者福祉会館」は陝川にある。

（筆者撮影）

図表13-6　韓国人原爆犠牲者慰霊碑の前で行われる慰霊祭

「被爆当時のことは今でも思い出したくはない。人の命は尊いというが，原爆の下では虫けら同然だった。人の姿とは思えない全身火傷の人々，人が焼ける匂い，火傷の膿にわく蛆など，被爆直後もその後も地獄というところがあるなら，広島はまさに地獄だった。太田川の土手で避難している時，両手に火傷した子供を抱いて「アイゴ，アイゴ」と泣いているアジュンマの姿は今でも目に焼き付いている。原爆が落とされ，避難しようにも韓国人はどこにも行く先がなかった。土手の上で立ちすくむ同胞たちは大勢いた。そのまま仕方なく放射能汚染が残る市内に留まらざるを得なかったのだ。」

「解放後，様々な事情で帰国できず日本に残った同胞は仕事がなかった。働く場がなく，できる仕事も限られていた。復興事業で男性は土木建築，女性は失業対策事業に従事した人が多かった。母は失業対策事業で平和公園の瓦礫撤去をしていたが，その時，骨が出てきたという。瓦礫の撤去とはそんな仕事だった。就職の差別もあ

る中，広島に残った韓国人はわずかな働く場を見つけては頑張って
きた。子どもたちには苦労はかけたくない，少しでもいい環境にお
きたいと働きに働いた。その中には成功した人も多い。私たち韓国
人は振り返ることなく，前を向いて生きてきたのだ。」

　朝鮮半島から広島への移住が本格化してから1世紀が経つ。「広島市
生活調査」では，最初に来日した世代から数えて自分が何世代目にあた
るかを質問している。**図表13-7**は在日コリアン[7]の来日世代別の平均
年齢と年齢構成である。一世の構成比は 8.3 %，平均年齢は 79.0 歳であ
り，在日コリアンの一世はかなり高齢化が進んでいる。最も多かったの
は三世の 58.9 %であったが，三世の平均年齢も 50 歳を超えている。四
世や五世の世代の回答者が少ないことは，在日コリアンと日本国籍を持
つ人との結婚が増加したことなどにより，若い世代で日本国籍を持つ人
が増加したことを意味している。年齢構成からは，在日コリアンが四世
や五世の時代へと移り変わってきている様子がわかる。

図表13-7　在日コリアンの来日世代別の平均年齢と年齢構成（%）

	平均年齢	18～29歳	30歳代	40歳代	50歳代	60歳代	70歳以上	ケース数
一世	79.0歳	0.0	0.0	1.9	3.8	7.5	86.8	53
二世	65.2歳	0.0	0.5	3.3	19.0	46.0	31.3	211
三世	51.6歳	6.4	17.4	23.8	18.6	18.3	15.5	328
四世	33.1歳	53.3	26.7	6.7	6.7	6.7	0.0	15
五世	33.0歳	0.0	100.0	0.0	0.0	0.0	0.0	1

出典）『広島市外国人市民生活・意識実態調査報告書』(2013)。

[7]「広島市生活調査」では，韓国籍もしくは朝鮮籍の回答者のうち，「①特別永住
者，②永住者で日本生まれの者，③永住者で日本での滞在年数が 30 年以上の者」
のいずれかに当てはまる場合に，「在日コリアン」として扱って分析を行っている。
なお，韓国籍と朝鮮籍については，12 章の注 4 を参照。

3. 中国帰国者

　『満洲開拓史』によれば，広島県から中国東北部に開拓団として渡っ
た人数は，一般開拓団が6,345人，青少年義勇隊が4,827人の合計
11,172人である。すでに述べたように全国で8番目に多く，青少年義勇
軍に限れば長野に次いで2番目に多かった。移住が1943〜44年という
遅い時期に集中していることが広島県の特徴であるとされ，半強制的な
移住がかなりあったと言われる。移住した人々のうち，日本へ帰還でき
た人は7割ほどであった[8]。

　まずは，「広島市生活調査」から広島市に住む中国帰国者の概要をお
さえておきたい。この調査では，
国籍・出身地を「中国」と回答し
た人のうち，自身が「海外残留邦
人，もしくはその方の親族」と回
答した者を「中国帰国者」として
扱っている。これにあてはまる回
答者は90名であった。

　平均年齢は41.1歳であり，全
員が出生地は日本以外である。日
本に住み始めた年齢は，18〜29
歳が43.2％で最も多く，次いで
18歳未満の19.3％であった。大
人になってから日本に来た人が8
割程度いるということは，日本語
の習得で苦労している人が多いこ
とを意味している。

（筆者撮影）

**図表13-8　平和記念公園近くの満州
開拓青少年義勇隊物故者慰霊碑**

8)『広島県史　近代Ⅱ』1004〜5頁に掲載の「表334　中国東北地区広島県出身開拓
団状況」を用いて計算した。

　日本語力に関する設問の回答において，「不自由あり」に分類された人の比率は，「話す・聞く」が50.6 %，「読む」が37.3 %，「書く」が50.0 %である。日本語力が十分でなければ就ける仕事も限られる。働いている人の職種は，生産工程が52.2 %，サービスが23.9 %，建築土木が13.0 %であり，年間の世帯収入が300万円未満の人は75.4 %であった。

　世帯収入が少ない人が多いことから，公営住宅に住む人は62.5 %であり，広島市内には中国帰国者の集住地域が存在する。その一つが，中区の基町地区にある高層の公営住宅群である（**図表13-9**）。「基町アパート」と呼ばれるこの公営住宅群は，1968〜1978年の再開発事業によって建設された。再開発以前は「原爆スラム」[9]と呼ばれた地区が存在し，戦前軍用地だった場所を占拠して建てられた住宅が密集していた（**図表13-10**）。1970年代の広島大学建築学教室の研究グループによる「原爆スラム」の調査では，外国籍世帯の比率は20.5 %と高く，国籍・出身地は全世帯が韓国・朝鮮である。調査時点で広島市内に住む韓国・朝鮮籍の外国人の16 %が居住しており，在日コリアンの集住地域のひとつでもあった。

　基町地区の子どもたちが通うのが広島市立基町小学校である。2016年の時点では，約120人の全校児童のうち6割ほどが外国にルーツを持つ児童である。これだけ割合の高い小学校は全国でも珍しい。中国帰国者の児童が大半を占めているが，フィリピン，アメリカ，インドネシア，ネパールをルーツとする児童も在籍していた。在日コリアンの児童は学校が把握できる範囲ではいなくなったとのことであった。

　基町小学校では，中国帰国者の増加を受けて1990年に日本語教室が設置され，2004年には学校全体で国際理解や多文化共生を目指すという意味を込めて「世界なかよし教室」と名づけられた（**図表13-11**）。2016年の時点で専任として日本語指導にあたっていたのは教諭4名と

---

9)「相生通り」と呼ばれたこの地区に「原爆スラム」という呼称がつけられた過程は，仙波（2016）による研究を参照。

図表13-9
基町地区の公営
　　住宅群

（写真提供：ユニフォトプレス）

図表13-10
「原爆スラム」と呼ばれた
再開発以前の「相生通り」

写真）集落構造研究会撮影／広島市公文
書館提供

（筆者撮影）
図表13-11　基町小学校「世界なかよし教室」の授業風景

非常勤講師2名であった。中国語を話せる教員もおり，特に親との連携
において重要な役割を果たしている。2017年度からは広島市の日本語
指導の拠点校になり，この6名とは別に日本語指導コーディネーターの
教諭が配置され，基町小学校だけでなく日本語教室を持つ市内の他の小
中学校への巡回指導を行う体制が取られるようになった。

　「広島市生活調査」では，子どもの教育で困っていることを質問して
いる。中国帰国者の親[10]の場合，「自分は日本語ができないので勉強を
手伝えない」が最も多く50.0％と半数を占めていた。この値は中国帰
国者以外の親と比べるとかなり高い。子どもの母語が日本語であると回
答している人が82.5％であることから，「言葉の問題で子どもとうまく
コミュニケーションができない」を挙げた人も25.0％いた。親の言葉
の問題はやはり大きいと言える。

---

10)「広島市教育調査」の中国帰国者の回答者は44名であった。

　ただ，調査が実施された 2012 年から 5 年ほどが経過して，基町小学校の状況は変化した。中国帰国者の児童が全て四世になり，日本語教室が設置された頃に学校に通った三世が親の世代になったからである。二世の親は言葉の問題で PTA の役員になることは難しかったが，多くの中国帰国者の親が役員を務めるようになった。しかし，一方で四世の子どもたちの学力の伸び悩みが基町小学校の現在の課題のひとつとなっている。なぜならば，家庭内の言語が中国語であるケースが多いため，学習に必要な日本語力が必ずしも十分ではなく，勉強でつまずく原因になっているからである。「世界なかよし教室」で取り出し学習をする児童の中には，日本生まれの児童も少なくない。母語と日本語のどちらの能力も十分ではないダブルリミテッドの児童が増えており，親もなかなかそれに気づいていないという問題が新たに顕在化してきているのである。

　基町地区にある中央公民館では，中国帰国者のグループが様々な活動を行っており，そこには舞踊などを楽しむ残留孤児一世の姿もある。一世は高齢になって帰国したため日本語の習得が難しく，日本人住民となかなか交わることができない。基町地区は中国帰国者の一世から四世までが暮らす街であるが，それぞれが異なる形で日本社会と向き合っているのである。

4. 外国人労働者とコミュニティユニオン

　広島労働局は，2021 年に外国人技能実習生を受け入れている 577 事業場に対して監督指導を行い，そのうちの 74.5 ％に賃金不払いなどの法令違反があったと公表した。技能実習生をはじめ，外国人労働者が職場で不当な扱いを受けることは多い。

　広島県には，そうした人々に対する支援の経験を重ねてきたコミュニティユニオンがある。コミュニティユニオンとは，企業単位ではなく地

域を基盤に活動し，個人加盟が可能であることなどを特徴とする労働組合である。正規雇用の労働者による企業単位の労働運動が停滞する一方，パートやアルバイト，請負といった不安定な雇用形態にある人々を支える新たな労働運動の担い手として注目されている。

　「スクラム・ユニオンひろしま（以下，スクラム・ユニオン）」は，広島市内に事務所を置くコミュニティユニオンである。100人ほどの組合員の多くは非正規雇用であり，障がい者や外国人が多いことも特徴である。

　前身は広島市のごみ処理・リサイクル施設で働く人々によって結成された労働組合である。この職場では多くの外国人や障がい者，高齢者が働いていたが，下請け業者が有給休暇を取得させないため，高齢者は点滴を打ってでも出勤せざるを得ず，外国人は休憩室やロッカーを使うことができなかったため，ごみの選別場の隅で昼食をとっているという状況があった。こうした労働環境の改善や雇用の継続[11]などを求めて，組合はたびたび会社側と争った。

　2001年にはブラジル人と日本人の組合員がともにストライキで闘ったが，そのことが広島のマスコミによって報道されたことで，地域の別の職場で働く労働者から相談が寄せられるようになった。こうした相談に対応するために，2002年からコミュニティユニオンとしての活動を始めた。組合の執行委員にはブラジル人も加わった。また，在日ブラジル人向けの放送局がこのストライキを取り上げたことにより，茨城県や群馬県，名古屋市など全国の日系人の労働者から労働相談が寄せられるようになった。

　2008年のリーマン・ショックの際には，広島でも日系人たちの多くが職を失い，ひとつの事業所や派遣業者を解雇された人々がまとまって連日50〜100人の単位で相談に訪れた。「スクラム・ユニオン」は，事業所や派遣業者に対して，職を失った日系人たちが住居から追い出され

11）入札によって毎年運営業者が変わるため，そこで働く人たちは業者が変わるごとにいったん解雇され，再度新しい業者に雇用されるという状況が続いていた。

ないように要請するなど，生活に重点を置いた支援を行った。雇用の確保よりも最低限の生活支援しかできない状況であったと言えるかもしれない。この時に「スクラム・ユニオン」が相談を受けた日系人の多くは，帰国することを余儀なくされた。

　「福山ユニオンたんぽぽ（以下，たんぽぽ）」は，広島県の東部に位置する福山市で2006年に設立されたコミュニティユニオンである。設立されて間もなく，研修生・技能実習生の労働問題に取り組むことになった。縫製工場で働く中国人研修生・技能実習生の女性たちが福山市役所に駆け込み，200万円以上の残業代が未払いになっていることを告発したのだ。「スクラム・ユニオン」から連絡を受け，「たんぽぽ」が対応にあたった。「たんぽぽ」の執行委員長によれば，福山市で研修生・技能実習生の実態が明らかになったおそらく最初のケースではないかとのことである。

　雇用主や受入れ組合[12]との交渉により，いったん問題は解決したように見えた。しかし，今度は送出し機関が中国の裁判所に彼女たちに対して一人あたり約300万円の支払いを求めた訴訟を起こした。研修・実習先から逃亡し，労働組合に救済を求め，雇用主に損害を与えたといったことが理由である。送出し機関側は，彼女らが来日する際に交わした合意書を提訴の根拠としたが，「たんぽぽ」は逃亡ではないことを証明する書類を裁判所に提出し，彼女たちは裁判に勝訴する。

　このことが報道番組で取り上げられたことにより，全国から訴訟内容に関する問い合わせが多数寄せられた。特に注目されたのは，雇用主や受入れ組合と対立関係に陥った研修生や技能実習生が送出し機関から多額の保証金を取り戻す手段であった。

　「スクラム・ユニオン」や「たんぽぽ」は，雇用主とトラブルになった技能実習生をたびたびシェルターで保護している。シェルターの確保

---

12) 研修生・技能実習生の受け入れは，「団体監理型」によるものがほとんどである。「団体監理型」の場合，協同組合などの第一次受入れ機関が送出し機関と契約を結んで研修生・技能実習生を受け入れ，第二次受入れ機関である企業などに送り出す制度であった。

や維持，保護した人たちへの食料の提供といった生活支援の活動は，執行委員長が長年の市民活動で培ったネットワークにより支えられている。コミュニティユニオンによる労働運動は，地域の様々な市民運動と連携して進められているのである。

コミュニティユニオンにおいては，外国人労働者に限ったことではないが，問題が解決すると組合活動から離脱する労働者も少なくない。不安定な雇用形態にある人々にとって，活動に継続的に参加することは容易ではない。また，技能実習生の場合は日本に滞在する期限が決められているため，問題解決の過程で組合員になったとしても，将来的には組合からは離脱せざるを得ない。それゆえに，他の地域のユニオンと同様に財政的には不安定であり，活動は執行委員長の豊富な経験や熱意によって支えられている側面が大きい。二つのユニオンの活動はいずれも外国人支援に特化した活動を行っているわけではないが，弱い立場にある労働者の権利の獲得や向上に取り組んできたコミュニティユニオンは，外国人労働者の権利を守る最後の防波堤の役割を果たしているのである。

技能実習生からの相談は，当初は中国人がほとんどであったが，近年はベトナム人などが増加しており，雇用主による暴力など，悪質なものも後を絶たない。どのような人々が地域社会，さらには日本社会を底辺で支えているかについて，わたしたちはもっと目を凝らしていく必要があるだろう。

5. 地域で直面する様々な問題

最後に，「広島市生活調査」の差別に関する設問から，広島における外国にルーツを持つ人々が地域で直面する問題の共通性と多様性について，改めておさえておきたい。

　図表13-12は，日本社会で差別を受けたと感じた局面に関する設問の回答結果である。この設問では，「その他」も含めた20の局面について質問しており，それぞれのグループについて，回答が多かったものを上位5位まで示した。回答者全体で29.6％と最も多かった「仕事を探す時」は，多くのグループで上位であり，「住居を探す時」「職場で」が上位であることも共通している。一方で，欧米系諸国は「仕事を探す時」が上位ではなく，このことは広島において他のグループとは階層的に異なる位置にあることを意味すると考えられる。欧米系諸国においても「住居を探す時」は上位であるが，「じろじろ見る」や「街を歩いて」といった他のグループとは異なる局面が上位に入ることは特徴的である。

　「政治的権利」が上位であるのは，韓国・朝鮮と欧米系諸国である。しかし，それを求める文脈は両者では異なっていると思われる。また，在日コリアンにおいて，朝鮮籍で1位の「住居を探す時」は韓国籍では上位ではなく，朝鮮籍では5位までに入らない「結婚」が韓国籍では1位である。日常生活で本名（民族名）を使用している比率や日本国籍を持つ人との通婚率の違いなどが回答結果の違いを生み出している可能性が考えられる。在日コリアンにおいて「警察署・交番」が上位に入っていることからは，これまで日本社会において排除されてきた歴史が垣間見える。

　一口に外国人と言っても，どのような経緯で来日した／生まれ育ったかによって様々な様相を呈するし，そこで直面する問題も単純にひとくくりにはできない。歴史的な背景やそれぞれの地域の文脈も踏まえながら，外国にルーツを持つ人々の状況やその地域の課題を考えていく必要があるだろう。

図表13-12　差別を受けたと感じた局面（上位5位まで：%）

	韓国・朝鮮			中国	
	在日コリアン		在日コリアン以外	中国帰国者	中国帰国者以外
	朝鮮籍	韓国籍			
1位	住居を探す時 36.6	結婚 32.0	政治的権利 21.6	仕事を探す時 34.1	仕事を探す時 36.9
2位	政治的権利 35.2	仕事を探す時 29.5	職場で 17.6	職場で 20.7	職場で 17.6
3位	仕事を探す時 32.4	政治の権利 27.9	何となく 17.6	住居を探す時 15.9	何となく 17.6
4位	警察署・交番 22.5	何となく 20.9	仕事を探す時 16.2	子どもの学校 13.4	クレジット 16.0
5位	何となく 18.3	警察署・交番 18.4	住居を探す時 子どもの学校 13.5	じろじろ見る 13.4	政治的権利 14.4
N	71	488	74	82	374

	フィリピン	アジア諸国	中米南米諸国	欧米系諸国	全体
1位	仕事を探す時 30.1	職場で 27.4	住居を探す時 31.1	クレジット 35.9	仕事を探す時 29.6
2位	職場で 21.3	クレジット 24.2	職場で 27.9	じろじろ見る 35.9	政治的権利 18.8
3位	住居を探す時 21.3	街を歩いて 22.6	近所づきあい 27.9	住居を探す時 33.7	住居を探す時 18.2
4位	近所づきあい 14.7	仕事を探す時 19.4	仕事を探す時 24.6	政治的権利 21.7	職場で 16.6
5位	クレジット 14.0	近所づきあい レストラン 19.4	クレジット 街を歩いて 21.3	街を歩いて 21.7	何となく 16.5
N	136	62	61	92	1440

注：「クレジットカードを申し込む時」は「クレジット」で示した。

表中のNは，この設問に回答した人の数である。

出典）『広島市外国人市民生活・意識実態調査報告書』（2013）。

204

 1．自分が住む地域の形成と戦争の関係を調べてみよう。
2．自分が住む地域において，外国人に対してどのような支援活動が行われているか調べてみよう。

参考文献

市場淳子（2000）『ヒロシマを持ち帰った人々―「韓国の広島」はなぜ生まれたのか』凱風社

伊藤泰郎（2007）「朝鮮人の被差別部落への移住過程―広島市の地区を事例として」『部落解放研究』14，広島部落解放研究所：47-67.

伊藤泰郎・高畑幸（2008）「広島県における日系外国人の居住動向と研修生・技能実習生へのシフトの兆候」『現代社会学』9：155-170.

崔博憲（2016）「外国人労働者とコミュニティユニオン」『部落解放研究』22，広島部落解放研究所：81-101.

仙波希望（2016）「「平和都市」の「原爆スラム」」『日本都市社会学会年報』34：124-142.

二宮孝司・佛圓弘修（2021）「外国にルーツをもつ児童との共生を図る特別活動―地域での居場所をつくる学校の役割」『広島都市学園大学子ども教育学部紀要』7（2）：25-34.

満洲開拓史復刊委員会（1980）『満洲開拓史』全国拓友協議会

『海外移住統計』（1994）国際協力事業団

『韓国人原爆被害者70年史資料集』（2016）在日本大韓民国民団広島県地方本部　韓国原爆被害者特別対策委員会

『広島県史　近代Ⅰ』（1980）広島県

『広島県史　近代Ⅱ』（1981）広島県

『広島県戦災史』（1988）広島県

『広島市外国人市民生活・意識実態調査報告書』（2013）広島市

『広島新史　都市文化編』（1983）広島市

14 │ 高齢化と地域社会

│ 原田　謙

《**目標＆ポイント**》　高齢者の孤独死や限界集落といった社会的孤立の問題，フードデザート問題，そしてコンパクトシティといった高齢化と地域社会にかかわる論点を確認する。続いてソーシャル・キャピタルの概念を整理し，その健康などに対する影響力について考察する。さらに国際的な動向もふまえながら，ポストコロナ時代における高齢になっても住み続けやすい都市づくりについて考える。

《**キーワード**》　社会的孤立，ソーシャル・キャピタル，プロダクティブ・エイジング，エイジング・イン・プレイス，世代間関係

1. 高齢化と社会的孤立

（1）無縁社会

　「高齢化と地域社会」というタイトルを掲げると，どうしてもそれ自体を「社会問題」としてとらえる話題になってしまう。その最たるものが「孤独死」や「無縁社会」とよばれる地域社会における社会的孤立（social isolation）の問題であろう。

　都市住民の人間関係が希薄化しているというイメージは，昔から世間一般に行き渡っており，とくに新しい話ではない。また都会人は，血縁・地縁といった煩わしい人間関係を捨てて，自由な「ひとり」の生活を選び取ってきたという側面もある。しかし1995年の阪神・淡路大震災後に，避難所から仮設住宅に移住した多くの被災者が孤独死したことは，地域社会における人間関係の意味を再考するきっかけになった。こ

の震災はボランティアや NPO 活動を促進する契機になったが，孤独死という社会的孤立の問題と向き合う契機にもなったのである。そして2010 年 1 月に NHK スペシャル「無縁社会——"無縁死"3 万 2 千人の衝撃」が，誰にも知られず引き取り手もないままに亡くなっている人びとが増加している事態を伝えた。この番組は多くの反響をよび，「無縁社会」という言葉は一種の流行語になった。政府も，こうした深刻化する社会的な孤独・孤立の問題についての対策を推進するために，2021 年に内閣官房に孤独・孤立対策担当室を設置した。

　一方，村落部における社会的孤立の問題は「限界集落」という言葉によって象徴される。限界集落とは，65 歳以上の高齢者が集落人口の半数を超え，冠婚葬祭をはじめとする社会的共同生活の維持が困難な状況におかれている集落をさす（大野，2005）。こうした高齢化が進行し，跡継ぎ世代が離れていった限界集落では，高齢者夫婦のみの世帯や高齢の単身世帯のみが結果として残されることになり，住民の社会的孤立が生じやすい。限界集落をめぐる問題は，食料品の買い物や介護・医療サービスの受給といった生活問題だけでなく，耕作放棄地の増大と山林の放置林化にともなう自然環境の悪化といった問題でもある。

　この限界集落の問題は，村落に限ったことではない。たとえば東京都新宿区にある都営戸山団地は，都心有数の大規模団地であるが，住民の過半数以上が 65 歳以上の高齢者であり「限界団地」とよばれる（朝日新聞 2009 年 5 月 1 日朝刊）。自治体が管理する公営団地は，年齢や収入などを基準とする条件によって入居者が絞り込まれるため，住民は必然的に一人暮らし高齢者が増えることになった。こうした限界団地では，先に述べた孤独死予防が喫緊の課題となっている。

（2）フードデザート問題

　限界集落のような過疎地だけでなく都市部においても「流通機能や交通網の弱体化とともに，食料品等の日常の買物が困難な状況におかれている人びと」は買物弱者とよばれ，国（経済産業省）レベルでも問題解決の方策が練られている。とくに子どもをはじめとする親族や隣人に買物の支援を受けられない高齢者は，買物弱者になりやすく，結果として食生活が悪化し，低栄養に陥るリスクが高くなると考えられる。

　しかしこの問題は，身体的健康度や同居家族の有無といった個人レベルの議論だけでは済まされない，地域レベルの構造的な問題でもある。実際にフードデザート（food deserts：食の砂漠）問題は，社会・経済環境の急速な変化の中で生じた「生鮮食料品供給システムの崩壊」と「社会的弱者の集住」という二つの要素が重なった時に発生する社会問題とされる（岩間編，2011）。つまりこれは，商店へのアクセス低下といった空間的要因と，社会的孤立といった社会的要因の双方によって発生する問題である。

　とくに地方都市では，郊外のロードサイドに広大な駐車場を備えた大型商業施設（ショッピングセンターなど）が進出し，中心市街地の空洞化が進行した。駅前商店街は「シャッター通り」化し，自家用車をもたない中心市街地の高齢者は，食料品の買い物などに支障をきたすようになったのである。なかでも車依存のニュータウンを開発した地方都市では，中心市街地の空洞化と高齢化にともなう郊外ニュータウンの衰退が同時進行するという事態まで生じている。

（3）コンパクトシティ

　こうした地方都市の深刻な事態を受けて，都市計画法，中心市街地活性化法，大規模小売店舗立地法（大店立地法）の「まちづくり三法」が，

2006年に改正された。この改正によって，延べ床面積1万m^{2}を超える大型商業施設の立地が規制され，無秩序な郊外の開発に一定の歯止めがかけられた。しかしこれまでの大型商業施設の郊外進出や公共施設（役所や病院など）の郊外移転が，中心市街地にもたらした爪痕は大きい。

　またこのような法改正とともに，自治体の都市計画において「コンパクトシティ（compact city）」という言葉を目にする機会が増えている。そもそもこの考え方は，1990年代にEU諸国から広まったものである。コンパクトシティは，スプロール化を抑制し，公共交通を促進するなど，エネルギー効率がよいサステイナビリティ（持続可能性）を重視した都市形態として議論されるようになった。日本の場合，地球環境問題に対する対応というよりも，地方都市における中心市街地の空洞化への対応として，このコンパクトシティが脚光を浴びたといって良いだろう。

　海道（2001）は，コンパクトシティの中心的命題として「密度の高さ」「多様さ」「ヒューマンスケール」「独自性」を挙げ，9つの原則（高い居住と就業などの密度，複合的な土地利用の生活，自動車だけに依存しない交通，多様な居住者と多様な空間，独自な地域空間，明確な境界，社会的公平さ，日常生活上の自足性，地域運営の自律性）を整理している。実際に，地方都市の現状に対応したコンパクトシティを実現するために，自家用車だけに依存しない公共交通システムの再構築や，既成市街地における「まちなか居住」の推進，駅前再開発による複合的機能をもつ拠点施設の整備といった地域政策の展開が目指された。

　しかし，コンパクトシティをめざしていたはずの都市計画法制度は，農地などの未利用地を何とか活用したい土地所有者の思惑，開発を進めたいディベロッパーの思惑，そして経済対策・人口増加を掲げる首長や議員の政治的思惑によって，もともとの趣旨とはかけ離れた方向へ骨抜きにされていったとも言われる（野澤，2016）。実際に，先のフードデ

ザート問題でも述べたように，ライフスタイルとして自家用車が不可欠
な地方都市において，さらには長らく郊外住宅地に住み続けてきた人々
にとって，人口減少 / 高齢化が進むからと言って，まちなか居住を求め
られても困難だろう。

2. ソーシャル・キャピタル

（1）ソーシャル・キャピタルとは何か

　近年，こうした地域社会における社会的孤立やまちづくりに対する関
心が高まるにつれて，「ソーシャル・キャピタル（social capital）」とい
う理論的概念が脚光を集めてきた。ソーシャル・キャピタルとは，人び
との協調行動を容易にさせる地域における信頼・規範・ネットワークの
ことをさす。この概念が広く知られるようになったきっかけは，政治学
者である R. D. パットナムの『孤独なボウリング――米国コミュニティ
の崩壊と再生』である（Putnam, 2000 = 2006）。

　また格差社会がもたらす諸問題に対する処方箋としても，ソーシャ
ル・キャピタルは注目されている。具体的にいえば，地域間の経済格差
の拡大は，住民間の信頼や互酬性といったソーシャル・キャピタルを毀
損し，結果として人びとの健康水準や教育水準を低下させると考えられ
る。このメカニズムをめぐって，社会学のみならず経済学から医学にわ
たる幅広い学際的な実証研究が数多く蓄積されてきた（稲葉, 2011；
Kawachi et al., 2008 = 2008）。

　このソーシャル・キャピタルの定義に関して，まず「地域（集団）レ
ベル」でとらえるか，「個人レベル」でとらえるか，異なる二つの考え方
がある。ひとつは，ソーシャル・キャピタルを特定の地域（集団）のメ
ンバーが利用可能な資源としてとらえ，それらが個人に及ぼす集合的な
影響，いわゆる文脈効果（contextual effect）に重点をおく立場である。

もうひとつは，ソーシャル・キャピタルを個人が自らのネットワークを介して得ることができる資源としてとらえる立場である。この個人レベルの議論では，とくに「結合型（同じ属性をもった人との関係）」と「橋渡し型（異なる属性をもった人との関係）」といったネットワークの特質が着目される。I. カワチらは，前者を「社会的凝集性」学派，後者を「ネットワーク」学派とよんでいる（Kawachi et al., 2008 = 2008）。

さらにソーシャル・キャピタルは，構造的ソーシャル・キャピタルと認知的ソーシャル・キャピタルを区別して検討されることが多い。構造的なソーシャル・キャピタルは，客観的に把握できる人びとの行動をさし，趣味・スポーツ・政治・宗教・ボランティアなどの集団参加や，近所づきあいの多寡などによって測定される。一方，認知的なソーシャル・キャピタルは，主観的な人びとの認識をさし，地域の人びとへの信頼や，隣人同士がお互い助け合っているかという互酬性など，その社会的凝集性（social cohesion）の程度によって測定されることが多い。

（2）ソーシャル・キャピタルの影響力

近年，海外だけでなく日本においても，ソーシャル・キャピタルが高い地域に住んでいる者ほど身体的健康や精神的健康が良好であるという実証研究が報告されている（稲葉, 2011）。また認知的なソーシャル・キャピタルが高い地域に住んでいる者ほど居住満足度が高いことも示されている（原田，2017）。

ソーシャル・キャピタルと健康をつなぐメカニズム（経路）として，カワチらの議論を参照すると，第一に「健康行動」が挙げられる。地域レベルのソーシャル・キャピタルの高さは，保健情報の素早い伝達や健康的な行動規範をもたらし，逸脱的な健康行動に対する社会統制を発揮すると考えられる。第二に，「心理社会的プロセス」が挙げられる。個

人／地域レベルのソーシャル・キャピタルの高さは，手段的サポートや情緒的サポートの提供をもたらし，地域への所属感覚とも密接に関連するだろう。第三に，「サービスとアメニティへのアクセス」が挙げられる。ソーシャル・キャピタルが高い地域ほど，予算のカットが地域サービスに影響を与えないように団結し，公共交通や余暇施設など直接／間接的に健康にかかわるサービスを保証する点などが考えられる。

　ソーシャル・キャピタルは，健康だけでなく，地域における防犯という観点からも注目される。ソーシャル・キャピタルが高い地域に住んでいる者ほど犯罪被害に遭遇する確率が低いという指摘である。実際に，マンションのオートロックや商店街の監視カメラといった，ハード面の取り組みだけでは限界がある。匿名性が高く住民相互の信頼性が低い地域，地域集団による活動が低調な地域（つまりソーシャル・キャピタルが低い地域）では，防犯環境設計も有効に機能しないだろう。

　地域住民による防犯活動といったソフト面の取り組みを重視する考え方として「割れ窓理論（broken window theory）」が挙げられる。割れた窓ガラスが放置されているような場所であれば，犯罪者は躊躇なく侵入し，警察に通報される心配なく犯罪を行うことができる。割れた窓ガラスはあくまでもシンボルであり，シャッターの落書きや散乱したゴミなどを放置しておくことが犯罪の呼び水になってしまうので，こうした些細なことを許してはいけないという立場である（小宮，2005）。

　このようにソーシャル・キャピタルは，今日の地域社会における諸問題を検討するにあたって非常に魅力的な概念であるが，問題点も存在する。ひとつは，C. S. フィッシャーの下位文化理論にもとづくパーソナル・ネットワーク研究や，B. ウェルマンのコミュニティ解放論が示唆するように，都市住民の親密な絆は，もはや空間的／地理的に制約されておらず，緊密に編まれた（タイトニットな）ネットワークではなく，

ゆるやかに編まれた（ルースニットな）ネットワークとして存在している点である（第5章参照）。

　もうひとつは，M. グラノヴェッターの「弱い紐帯の強さ」や，海外の大都市における貧困地区の研究が示唆するように，隣人ネットワークの多さ（や近隣地区内のネットワークの密度の高さ）を単純にソーシャル・キャピタルの豊かさととらえることの問題点である。実際に緊密に編まれた近隣ネットワークの負の側面として，凝集性の高いメンバー間においてサポートを提供することが過度に要求される点や，多様性に寛大でないばかりか個人の自由を制限しかねないほど規範に従うことが期待される点などが考えられる。

3. 地域で幸福に老いる―エイジング・イン・プレイス

（1）プロダクティブ・エイジング

　以上述べてきたように，高齢化と地域社会（における社会的孤立）をめぐって，ソーシャル・キャピタルという理論的概念が注目を集めた。こうした地域社会における互酬性，平たく言えば「支えあい」の論点になると，高齢者はすべて「支えられる側」，つまりサポートの「受け手」としてカウントされがちである。具体的には，一人の高齢者を二人の若年者で支える時代が到来したといった「高齢者の増大」イコール「社会的負担の増大」というエイジズム（ageism）がいまだにはびこっている。

　実際に，いまの高齢者，とくに65歳から74歳の前期高齢者は，もちろん個人差はあるものの元気な人が多い。日本老年学会と日本老年医学会は，高齢者の身体的老化，歯の老化，心理的老化現象の出現に関するデータの経年的変化を分析した結果，現在の高齢者においては，10〜20年前と比較して心身の老化の出現が5〜10年遅くなっているという

「若返り」現象を発表した。こうしたエビデンスに基づき，学会のワーキンググループは65〜74歳を「准高齢者（准高齢期）」，75歳以上を「高齢者（高齢期）」とする高齢者のあらたな定義を提言している（日本老年学会・日本老年医学会，2017）。

　こうした現状を鑑みても，高齢化と地域社会の論点を検討する際には，「プロダクティブ・エイジング（productive aging）」という概念が重要だと考える。この概念は，老年学者のR. N. バトラーが，老いについての考え方を，介護や社会的コストなどの「依存性」といったネガティブな枠組みから，高齢者の「プロダクティビティ（productivity）」をもっと社会に活かすといったポジティブな枠組みへの転換を提唱したことに由来する（Butler & Gleason, 1985 = 1998）。

　ここでいうプロダクティビティには，有償労働（就業）だけでなく，無償労働（ボランティア）まで，幅広い諸活動が含まれる。高齢化と地域社会という観点からいえば，高齢者が高齢者を支援するという「世代内」の互助と，高齢者が若年者を援助するという「世代間」の互助がポイントになるだろう（原田，2020）。

（2）地域環境と健康

　近年，健康の社会的決定要因（SDH：Social Determinants of Health）に関する議論が高まるにつれて，物理的／社会的な地域環境に着目した分析も増えつつある。とくに若年者よりも高齢者の方が，日常生活動作障害などによって普段の生活範囲が狭まるので，地域環境の影響を受けやすいと考えられる。この議論では，健康は遺伝子や生活習慣だけでなく，個人の階層的地位や人間関係，そして居住する地域環境といったさまざまな社会的要因によって決定される点が重視される。

　しかしこれまでの健康政策は，個人の生活習慣に着目して策定される

傾向が強く，社会的な環境からのアプローチは希薄であった（近藤編，2013）。日本でもこうした地域や階層間の健康格差への関心が高まるにつれて，医学・公衆衛生学では社会疫学（social epidemiology）とよばれる新しい研究分野が発展してきた。本章で議論したソーシャル・キャピタルと健康に関する議論の高まりは，この潮流にも位置づけられる（原田，2017）。

日本の高齢者は持ち家率が高く，在宅での介護を希望する人も多い。また国際的にも，住み慣れた地域で可能な限り生活し続けるという「エイジング・イン・プレイス（aging in place）」，あるいは「高齢者にやさしい都市（age-friendly city）」といった考え方が広まっている。こうした観点からも，虚弱になっても住み続けやすい都市の条件を探っていく試みは，ますます重要になっていくだろう。

（3）ポストコロナ時代におけるヘルシーエイジング

WHOは「国連ヘルシーエイジングの10年（The UN Decade of Healthy Ageing：2021-2030）」において，健康長寿を推進するための主要な行動分野を示している。そのひとつが「エイジズムとの闘い（combatting ageism）」であり，もうひとつが「高齢者にやさしい環境（age-friendly environment）」である。

新型コロナウイルス感染症（COVID-19）の拡大から高齢者を守る保護的な対応は，その意図せざる結果として「高齢者は無力で虚弱であり社会に貢献できない」というイメージを世間に広げてしまった。欧米では，パンデミックにともなうこうしたエイジズムが，世代間関係の分断を強化してしまったという懸念が表明されている（原田，2022）。

さらに，コロナ禍ではステイホームという掛け声のもとで外出制限がかかったので，人びとに身近な地域環境（公共施設や商業施設など）の

重要性を再認識させた。先に述べたように，感染拡大前から健康の社会的決定要因に関する議論の高まりによって，高齢者の健康やウェルビーイングに対する物理的／社会的環境の重要性は示唆されていたが，今回のパンデミックはこの流れを加速させたといえるだろう。

学習の ヒント

1. お住まいの市区町村における社会的孤立の問題は何だろうか。その問題に対してどのような対策が取られているか，調べてみよう。
2. 高齢者が高齢者を支援するという「世代内」の互助と，高齢者が若年者を援助するという「世代間」の互助，その具体的な活動事例を調べてみよう。
3. 健康の社会的決定要因の議論をふまえて，ポストコロナ時代における高齢になっても住み続けやすい都市の条件とは何か，考えてみよう。

参考文献

Butler, R. N. & Gleason, H. P.（1985）*Productive Aging：Enhancing Vitality in Later Life*, New York：Springer.〈岡本祐三訳（1998）『プロダクティブ・エイジング―高齢者は未来を切り開く』日本評論社〉

Kawachi, I., Subramanian, S. V. & Kim, D. eds.（2008）*Social Capital and Health*, New York：Springer.〈＝藤澤由和・高尾総司・濱野強監訳（2008）『ソーシャル・キャピタルと健康』日本評論社〉

Putnam, R. D.（2000）*Bowling Alone：The Collapse and Revival of American Community*, New York：Simon & Schuster.〈＝柴内康文訳（2006）『孤独なボウリング―米国コミュニティの崩壊と再生』柏書房〉

稲葉陽二（2011）『ソーシャル・キャピタル入門』中公新書

岩間信之編（2011）『フードデザート問題―無縁社会が生む「食の砂漠」』農林統計協会

大野晃（2005）『山村環境社会学序説―現代山村の限界集落化と流域共同管理』農山漁村文化協会

海道清信（2001）『コンパクトシティ―持続可能な社会の都市像を求めて』学芸出版社

小宮信夫（2005）『犯罪は「この場所」で起こる』光文社新書

近藤克則編（2013）『健康の社会的決定要因―疾患・状態別「健康格差」レビュー』日本公衆衛生協会

日本老年学会・日本老年医学会（2017）『「高齢者に関する定義検討ワーキンググループ」報告書』日本老年学会・日本老年医学会

野澤千絵（2016）『老いる街 崩れる街―住宅過剰社会の末路』講談社現代新書

原田謙（2017）『社会的ネットワークと幸福感―計量社会学でみる人間関係』勁草書房

原田謙（2020）『「幸福な老い」と世代間関係―職場と地域におけるエイジズム調査分析』勁草書房

原田謙（2022）「ウィズコロナ・ポストコロナ時代における「幸福な老い」」『生きがい研究』28：4-15.

15 │ 地域と社会的不平等・貧困

北川由紀彦

《目標＆ポイント》 都市化とともに様々な人々が暮らすようになった地域社会は，社会的不平等が具体的に立ち現れる場でもある。社会的不平等の拡大がもたらす貧困は，それ自体が社会的な介入の対象ともなる。本章では，日本人の寄せ場労働者と，外国人の一部として在日韓国・朝鮮人と日系南米人と貧困との関係，さらには新型コロナ感染症と社会的不平等との関係について考える。

《キーワード》 社会的不平等，貧困，寄せ場労働者，在日韓国・朝鮮人，日系南米人，COVID-19

1. 都市化と社会的不平等

（1）社会的不平等とは

　人間が求める社会的資源の中には，その社会の成員全員に十分には行き渡らない希少な資源（富や威信，権力など）がある。そうした資源は希少であるがゆえに，多く保有する人と少なくしか保有できない人とが生じる。このような資源の不均等な保有状況のことを社会的不平等という。

　社会学では，平等を「機会の平等」と「結果の平等」の2つに分けて考えることが多い。機会の平等というのは，ある社会的資源を得る機会が社会成員に平等に与えられている状態のことを指す。例えば，教育達成や就職などに際して，その個人の力ではどうすることもできない属性

（例えば人種や性別，年齢，親の所得や職業など）によってその成否が影響されない状態を指す。これに対し，結果の平等とは社会的資源の分配が均等になされている状態のことを指す[1]。現実の社会においては，結果の平等や機会の平等が完全に実現されている状態というものは存在しないため，現実に存在する不平等の程度がどの程度であるか，ということが問題となる。

　不平等という現象に社会学が注目するのは，その生成のメカニズムが社会構造と密接に関わっているからでもあるし，ある時点における不平等の度合いやその動向がその社会の安定性に影響を与えもするし，ときにはそれが社会を変化させる要因ともなるからでもある。そして，本書の第1章でジンメルやパークの議論を紹介しながら，都市こそが近代化の特徴が最も先鋭的に現れる集落である，ということを述べたが，都市はその人口の多さと人口の異質性の高さゆえに，社会的不平等が具体的な現実として立ち現れてくる場でもある。

（2）異質性と不平等

　一般に，ある地域に外部から人口が流入し都市化が進む局面においては，その内部において人口の社会的な分化が起こるが，この分化には，水平的分化と垂直的分化という2つの側面がある。水平的分化とは，本来は序列化できない尺度において多様性が高まることをいう。具体的には，都市内部の人口構成において，人種や民族，国籍などが多様化すること，つまり人口の異質性の増大を指す。これに対し，垂直的分化とは，序列化可能な尺度における分化のことを指す。具体的には，収入や威信などに基づく社会経済的地位の差異が高まることであり，これは不平等の拡大に相当する。

　地域が都市化していく際に起こるこの2つの分化は，原理的にはそれ

---

1) 各人の力に応じた形で資源の配分がなされている状態，例えば同じ企業に就職した人々がその仕事における貢献に応じて正確に昇給や昇進する状態を指して結果の平等と考える場合もある。

ぞれ独立した分化であるが，実際の社会においては，水平的分化はしばしば垂直的分化を伴う。例えば，日本の地域社会において外国人の数が増加する際，外国人の経済的な地位の分布がその地域における日本人の分布と同じである，ということはほとんどなく，外国人の経済的地位の分布は，日本人の分布よりも下層に偏った形となる。これは，日本国内での在留資格や労働市場の構造や差別等によって，外国人は就ける仕事の職種が限定されたり，就労形態・雇用形態が日本人のそれとは異なる形に偏ったりするためである。

（3）不平等と貧困

　現実に存在する社会的不平等やその拡大をどこまで容認するか，という点に関しては様々な立場があるが，結果の不平等の拡大が貧困の増加をもたらすということに疑いを差し挟む人はほとんどいないだろう。貧困は，何よりも，貧困な状態におかれた人々自身の生存を脅かしたり幸福追求の機会を減じたりするものである。また，貧困の増加はその社会の安定性をも損なうため何らかの社会的な介入が必要とされる。そのため，貧困状態の解消や貧困化の防止のために社会には様々な社会保障の制度（セーフティネット）が設けられてきた。しかし，そうした制度は，地域のあらゆる住民にとって十分に機能してきたわけではない。むしろ，（そもそも意図されていたがどうかはともかく）そうした制度は，ある人々を包摂する一方で，一定の属性を持った人々を排除し，そのことによって，ある属性をもった人々を貧困状態あるいはそれに近い（階層構造の）下層部分に押しとどめてもきた。

　次節からは，階層構成において底辺部分を構成してきた都市下層の典型としての寄せ場労働者と，日本において外国人の一部をなす在日韓国・朝鮮人，日系南米人と貧困との関係，さらには2020年からの新型

コロナ感染症（COVID-19）の拡大，いわゆるコロナ禍の拡大がもた
らした影響について論じていく。

2. 日本人の都市下層

（1）都市への移住者

　日本の都市は，時代による増減はあるものの，少なくない数の貧しい
人々をその内部に擁してきた。特に，身分制度が廃止され，職業選択や
居住地選択の自由が認められるようになった明治維新以降は，産業革命
の進展とも相まって，村落から都市への移住が進んだ。この過程は同時
に，都市の内部における職・住とも不安定な都市下層の人々の大量出現
をもたらした。そうした人々の当座の住まいとなった劣悪な住居である
長屋や木賃宿によって構成された「貧民街」や「スラム街」の実態につ
いては，横山源之助のような新聞記者や作家等による様々なルポルター
ジュとして記録されてきたし（例えば横山，1899），また，各自治体の
福祉関係部局等（東京市社会局，大阪市社会部等）による調査も幾度も
行われてきた。中川清は，戦前の東京における都市下層の調査記録の分
析から，戦前において時間の経過とともに貧困者が家族世帯を形成し世
帯内での扶助機能を強化することによって都市での生活を持続するため
の枠組みを獲得し，そのことによって政策的な保護の対象としての把握
がなされるようになっていったことを明らかにしている（中川，1985）。
また，戦後も都市には，戦災により住まいを失った人々などの様々な貧
困層が集積したが，高度経済成長の流れの中で，家族世帯を中心に，生
活保護をはじめとした様々な福祉政策や「スラム改善事業」などの住宅
政策による底上げが図られていった（例えば岩田正美（1995）を参照）。
　他方で，高度経済成長期にも「地方」から都市への人口の大量流入が
起こったが，一般的に都市移住者は，先住の都市住民よりも不利な位置

に置かれていた。例えば，倉沢進は，1960年に社会学者によって実施された「社会的成層と移動に関する調査」（SSM調査)[2]のデータをもとに「東京出身者」と「地方出身者」の現職の構成を比較しているが，その結果によれば，「東京出身者」においては自営業主やホワイトカラーが多いのに対し，「地方出身者」では販売従事者や「労働者」（ブルーカラー）が，また中小企業の雇用者が多かった。また，階層がその人の学歴によって大きな影響を受けることはよく知られているところであるが，この点について学歴を高学歴者（大学卒以上）と中・低学歴者（高校卒以下）とに分けたうえで比較した場合，高学歴者の場合は，東京出身者と地方出身者の間にはほとんど差がないが，中・低学歴の場合には，自営業主が東京出身者に多く，中小企業の雇用者とくに販売・労働従事者は地方出身者に多かった（倉沢，1968）。

　都市への移住の大きな契機となるのは進学と就職であるが，進学ではなく就職を契機として都市へ移住した（就職のために都市へ移住せざるを得なかった）であろうと推測される中・低学歴の人々にあっては，都市への移住は，相対的に労働条件の悪い仕事への従事という形で，都市の階層構造中のいわば「下層」に組み込まれることを意味してもいたともいえる。とはいえ，こうした都市移住者たちは，出身地域を同じくすることを結合原理とした同郷団体やその他の集団（サークルや宗教団体等）における相互扶助等により社会的資源の不足を補いつつ，都市での生活基盤を構築し，下層から「中流」への階層的な上昇をある程度達成してきた（北川・丹野，2016）。

　しかしながら，都市においては，様々な福祉政策や住宅政策からも相互扶助の網の目からも漏れる／排除される形で職・住とも不安定な状態

[2] 1960年に東京23区に在住する男性有権者から無作為抽出して実施。また，ここでいう「東京出身者」とは，東京生まれのうち，地方で学校を終えた者を除き，地方生まれのうち15歳未満で親と一緒に東京に転入したものを加えたもの。また「地方出身者」とは，上記を除いた地方生まれ，および東京生まれで地方で学校を終えた者を指す。

のまま都市で働き暮らすことを余儀なくされる人々も存在してきた。その典型が寄せ場労働者である。

（2）寄せ場労働者

　寄せ場労働者とは，寄せ場を介して就労する日雇い労働者のことである。「寄せ場」とは，最も狭い意味では日雇労働者の就労場所となっている公園や路上のことを指すが，いま少し広い意味で用いる場合には，日雇労働者が就労し生活する一定の地理的範域，いわば"日雇労働者の街"を意味する[3]。先に述べた狭義の寄せ場，すなわち日雇労働者の就労場所の周辺には，日雇労働を専門に紹介する職業安定所や，「ドヤ」と呼ばれる簡素だが低廉な旅館である簡易宿泊所，食堂，喫茶店，コインランドリーなど，日雇労働者の生活に必要な様々な施設や商店が立地し，その地域一帯が日雇労働者の街となってきた場合もあった。これが広義の寄せ場であり，この意味における寄せ場の代表的なものとしては，大阪の釜ヶ崎（行政上の地区名は「あいりん地区」），東京の山谷，横浜の寿町などが挙げられる。

　戦後の寄せ場は，高度成長期に，建設業・運輸業（特に港湾荷役）・製造業の増え続ける労働力需要を背景に，農村からの出稼ぎ者や離農者，都市内部の失業者を吸収してきた（駒井，1969；江口ほか，1979；松沢，1988）。ただし，高度成長期以降，寄せ場労働者の就労先の産業は，次第に（特に80年代以降）建設業に特化してきた。そして建設現場をはじめとした労働現場において，寄せ場労働者は，重層的な下請構造の最末端に位置づけられてきた。

　寄せ場における日雇労働者の就労形態としては，朝に就労してその日

3）労働者が仕事を求めて主体的に「集まる」という側面を重視して「寄り場」という語を用いる論者もいるが，本書では，資本の労働力需要によって日雇労働者が文字通り「寄せ集め」られる側面を重視して，「寄せ場」という言葉を用いる。なお，現代の「寄せ場」は，江戸時代に幕府によって設置された無宿人等の収容施設「人足寄場（にんそくよせば）」（明治維新により廃止）と直接連続する関係にはない。

一日の仕事が終わった段階で雇用契約が終了する日々雇い（一日の終わりに現金で日当を受け取るため労働者の間ではしばしば「現金」とよばれる）の他にも，数日から数週間の雇用契約で飯場（建設作業員用の宿舎）に入りそこから労働現場へと通うという形態（「契約」や「出張」とよばれる）もある。また，作業への熟練や技能や資格を持っていることを評価されて，同一の業者のもとで連続して働く（朝の就労の過程を省略して労働現場に直行するため「直行」と呼ばれる）という形態もある。後の２者の場合も，日雇あるいは臨時という雇用契約を繰り返すという形態であるため，不安定さという点では日々雇いと大差がない。「直行」で働く労働者の場合のように，一定の熟練や技能をもっていることが就労の相対的な安定につながることはありうるが，いかに熟練者であっても，病気や怪我，加齢による体力の衰えなどによって容易に失業へと追い込まれうる。常に失業の危険と隣り合わせの状態にあるのが寄せ場労働者の就労形態の特性である。

　また，寄せ場労働者の生活は，日雇労働者一般のそれとは異質である。寄せ場労働者の生活の特徴は，その居住の不安定性にある。寄せ場労働者の多くは，簡易宿泊所や飯場など，一般的には住居とみなされにくい施設を住まいとしている。こうした居住形態は，労働者の単なる「好み」や気まぐれによってではなく，就労の不安定性に規定される中でやむを得ず選択されている側面がある。寄せ場労働者の雇用形態は不安定である。今日仕事に就けたとしても，明日も同じように仕事に就けるかどうかは分からない。一般に，簡易宿泊所に宿泊することに比べ，飯場に入ることは労働者からは好まれない傾向にある。飯場に入ることは労働の場面だけでなく生活の場面においても雇用主の管理下に入ることを意味し，また，飯場の中には居住環境が劣悪なものや法外な額の「食費」や「布団代」などを賃金から天引きする悪質な業者が運営して

いるものもあるためである。だが，それでも，不況期や年末年始など求人が少ない時期には，日々雇いの仕事につきながら簡易宿泊所に泊まるのではなく飯場に入ることを選ばざるをえない労働者もいる。また，仕事を求めて寄せ場から寄せ場へ（例えば山谷から釜ヶ崎へ）と就労・生活拠点を移動する場合もある。

　このように，寄せ場労働者の多くは，折々の日雇労働力需要に応じて，その住まいを変える。仮にアパートを借りた場合，賃貸契約期間中はそこに実際に住んでいようがいまいが家賃を支払い続けなければならないが，簡易宿泊所の場合は，実際に宿泊する日数分の宿泊料しか発生しない。簡易宿泊所を住まいとすることは，求人状況に応じて移動を余儀なくされやすい条件下にあって，住居費を最低限に抑えるという意味がある。逆に言えば，寄せ場労働者は，その就労の不安定性ゆえに，アパートなどの慣習的な住居に住まうことが困難な状況におかれているとも言える。簡易宿泊所を住まいとすることは，住居を喪失する危険とも隣り合わせである。アパートに住んでいる人が仕事を失ったとしても，それだけでストレートに住居を失い野宿へと至るわけではない。貯蓄を切り崩す，あるいは家族・親族の援助を受けるなどしながら仕事を探して，家賃を滞納する前に次の仕事に就くことができるかもしれない。また，たとえ家賃を滞納したとしても，滞納したその日にすぐ立ち退きを迫られるということはあまりない。だが簡易宿泊所の場合，失業が続いて貯蓄が底を尽きその日の宿泊料を支払うことができなければ，その日から住まいを失うことになる。その段階で飯場に入ることができなければ，野宿を余儀なくされることになる。寄せ場労働者の間では野宿のことを「アオカン」という隠語でよぶことがあるが，こうした言葉が隠語として流通すること自体が，寄せ場労働者の居住の不安定性を示している。また，簡易宿泊所は，「住居」ではなく宿泊施設とみなされている

ため，宿泊者が住民票をそこに置くことは難しい。労働者が実質的にその簡易宿泊所を住まいとしていたとしても，その自治体の公式の「住民」としてはカウントされず，地域住民組織である町内会の構成員とみなされることもほとんどない。

　1990 年代に日本の大都市においては，野宿者，いわゆる「ホームレス」の人々の可視化・増加がいわゆる「ホームレス問題」として取り沙汰されるようになった。東京，大阪，名古屋といった大都市で野宿者に対して行われた大量調査の結果からは，寄せ場労働者として職・住とも不安定な状態で長年働いてきた人々が多くの割合を占めていることが明らかとなっている（原口他，2011；北川・丹野，2016 など）。このことは，安定した仕事に就けず慣習的な住居も持たず（持てず）地域からも「住民」と見なされないできた寄せ場労働者が，高齢化や傷病等によって労働市場から排除され，（生活保護制度などの）社会保障からも排除されてきたことの表れと考えることができる。

　こうした状況を受けて，1990 年代後半からは，大都市を中心に「ホームレス対策」として，「自立支援センター」という施設の設置をはじめとした様々な施策が講じられるようになり，2002 年の「ホームレスの自立の支援等に関する特別措置法」の制定によってそうした施策には国から財政措置がなされるようにもなった。こうした動きと並行して，「ホームレス対策」とは別に，2000 年代からは生活保護の適用を受けての施設入所やアパート入居も進むようになった。その結果，ほとんどの都市において野宿者数自体は減少の傾向が続いている。しかしながら，施設やアパートに入所・入居した後も経済的な自立が困難な状態や社会的な孤立状態から抜け出せない人が少なからずいることが支援上の課題となっている。他方で，様々な支援策の網の目からもなお抜け落ちる形で，公園や河川敷等で野宿を続けざるを得ないでいる人々が（数は減ったとは

いえ）依然として存在していることも事実であり、そうした人々の生存権をどのように保障していくのかということもまた問われている。

3. 外国人と貧困

（1）在日韓国・朝鮮人

　第 12 章で触れられたように、日本で暮らす外国人のうち、2000 年代中盤まで最も多かったのは、戦前・戦中に朝鮮半島から来日した（させられた）人々やその子孫にあたるいわゆる在日韓国・朝鮮人である。こうした人たちは、在留資格としては「特別永住者」とされ、日本国内での居住地の移動についての法的な制限はないし、職業選択上の法的な制限も「少ない」[4]。しかしながら、その職業的地位達成の過程は、日本人のそれとは異なる。端的には、在日韓国・朝鮮人の就業者全体の中での自営業主（主な業種としては飲食店や建設工事業、娯楽業等）の比率は、1995 年の時点で、日本人のそれの 2 倍程度にまで達している。これは、日本の労働市場において、就職や昇進機会において差別が存在するために、自営業主としての地位達成を指向せざるを得ないということの表れと考えることができる（金・稲月，2000）。在日韓国・朝鮮人の中には零細自営業主から中小あるいはそれ以上の規模の企業経営者へと地位達成を果たした人もいるため、日本人と比較して所得がおしなべて低い、というわけではない。しかしながら、自営業主でも加入できる主な年金制度である国民年金には、1982 年に国民年金法から国籍条項が撤廃されるまで在日韓国・朝鮮人は加入することができなかった。この結果として、在日韓国・朝鮮人の中には被保険者としての期間を満たすことができなかった無年金者が相当程度生じており、高齢化によって生活に困窮し生活保護受給に至っている人も少なくない[5]。労働市場にお

4）公務員については制限されている。また、「少ない」というのは、あくまでも他の外国人に比べれば、という意味においてである。
5）生活保護の受給世帯数の推移等については、例えば総務省行政評価局（2014）を参照。

ける差別と年金制度という社会保障制度からの排除が長年にわたって続いてきたことによって，在日韓国・朝鮮人の人々は日本人よりも高い貧困化のリスクを負わされてきたともいえよう。

（2）日系南米人[6]

　第12章でも触れられたように，1990年代から2000年代にかけて日本国内で急増した外国人として，ブラジルやペルーなどから渡ってきた日系南米人の人々を挙げることができる。この急増の背景には1990年の入国管理法（出入国管理及び難民認定法）の改定により，日系人二世・三世に対し，活動に制限のない在留資格が付与された——「単純労働」への就労が合法化されたことが大きく影響している。こうした南米人の多くは，日本国内での就労が合法であり大規模に公然と雇用可能であるがゆえに，業種・職種としては製造業の労務作業職へと集中し，居住地としては豊田市や浜松市などの工業都市に集中した。ただし，その雇用形態はほとんどが非正規雇用であった。具体的には，業務請負業者に雇用されたうえで，請負業者が請負元から借り受けた製造ラインに送り込まれて，あるいは，派遣会社に雇用された上で派遣労働者として派遣先の工場で働くというものであり，それまで日本人が正規雇用あるいは季節工・期間工や出稼ぎ労働者として製造業の中で占めていた部分の一部が南米人に置き換わっていくことになった。また，南米人の場合には，デカセギ[7]が拡大する過程で，南米での募集から渡航までを受け持つ日系旅行社と来日後の生活・就労を受け持つ業務請負業者とが結びついた「越境する雇用システム」が形成されたため，在日韓国・朝鮮人の場合とは異なり，日系南米人に特化した（日本人の労働市場とは分断された）労働市場が形作られていった。

　また，入管法の改定直後には日本で働く日系南米人には男性の単身者

6）この節の記述は主に梶田ほか（2005），北川・丹野（2016）に依拠している。
7）元はポルトガル語の「Decasségui」あるいはスペイン語の「Dekasegi」（いずれも日本語の「出稼ぎ」に由来）のためカタカナで「デカセギ」と表記している。

が多かったが，1990年代の日本の経済的停滞のもとで日本での貯蓄額が伸びなかったことなどにより，日本での就労期間を延長し，出身国から家族を呼び寄せる人も増えていった。このことは同時に，南米人世帯の多就労世帯化をもたらした。そのこともあって，南米人世帯の収入は，仕事に就いている期間の額だけを見れば必ずしも日本人より低いわけではない。ただしそれは，残業や休日出勤を引き受けることによる長時間労働の結果としてようやく可能になるものであり，時給に換算すれば日本人よりもおしなべて低い。また，そもそも雇用自体が不安定であるため，工場の稼働率が仕事の有無に直結し，手取り額も月単位で大きく変動する。そのため，長時間労働の要請にも応えざるを得ない立場に置かれているのである。

そのような不安定な雇用状態で働いていた日系南米人は，いわゆる「リーマン・ショック」に端を発した2008年秋から2009年にかけての世界的な経済危機の下で，真っ先に解雇や雇い止めに遭った。この時期の南米人の失業率はいずれの調査でもおおむね40％台となっており，同時期の日本人の失業率5.6％と比べ桁違いに高かった（樋口，2010）。こうした状況を受けて，この時期，日本政府によって「就労準備研修事業」のほかに「帰国支援事業」が実施された。その結果，第12章の図表12-1からも読み取れるように，2008年から2010年代中盤にかけて在日南米人（特にブラジル人）の人口は急激に減少した。その一方，日本に残るという選択をした人々においても，賃金の低下と労働時間の減少による貧困化が進んだ。

いっぽう，（日系南米人も含め）日本で暮らし働いてきた外国人の中には，その雇用の不安定性に由来する失業等によって収入が減少し子どもへの教育投資が十分にできなくなる人々もある程度の厚みをもって存在しており，そうしたことの結果として外国にルーツを持つ子どもの進

学率がそうでない子どもに比べて低いという進学格差が生じつつある（移住連貧困プロジェクト編，2011）。進学格差は就職機会等を通じた社会経済的な格差にもつながるため，そのまま放置されていけば，世代間での貧困の再生産が深刻化し，日本社会の中で下層化していく危険性がある。そのため，そのような進学格差を解消していくための取り組みなども行われるようになりつつある[8]。

4.　コロナ禍と社会的不平等

　2020年の新型コロナウイルス感染症（COVID-19）の世界的な拡大を受けてなされた様々な対策——休業要請や行動自粛要請など——は，私たちの生活の様々な側面に影響を及ぼした。その影響の広さと深さについては，本書を執筆している2023年の段階でもまだ研究の途上にある。とはいえ，すでに公表されているいくつかの調査研究の結果からは，その負の影響が社会的に偏った形で——社会一般に等しくではなく，すでに存在していた社会的な不平等をなぞりあるいは増幅するかたちで——もたらされてきたことが指摘されている。

　例えば，2020年5月と10月，2021年5月に実施された家計に関するパネル調査（同じ世帯を対象として複数回実施される調査）によれば，コロナ禍の中での生活水準の低下のリスクが，世帯主が正規雇用である場合に比べて自営業や非正規雇用である場合に高く，また低所得層ほど高いこと，さらには，現役の低所得層では貯蓄が生活水準の大幅な低下を防ぐ効果が確認できなかったことなどが指摘されている（石井・山田 2021）。また，5大都市圏（東京・大阪・名古屋・札幌・博多）在住者を対象に2020年3月から11月まで3ヶ月ごとの生活の変化等をたずねた調査では，緊急事態宣言下において，業種としては娯楽，観光，運輸

8）外国にルーツを持つ子どもの教育上の課題と学習支援の取り組みについて扱った文献としては例えば田巻松雄（2014），（外国にルーツを持つ子どもを含む）移民2世が直面してきた/いる困難や，学習支援に限らないキャリア形成支援について論じた文献として樋口直人・稲葉奈々子編（2023）などがある。

等の仕事に従事する人々が失業や収入減少を経験したことや，web 会議システムなどを使ったリモートワークができない人（いわゆるエッセンシャルワーク従事者や，リモートワーク環境が整えにくい中小零細企業の従業員など）で仕事や勤務先への不満が増加したり失業・収入減少のリスクが高まったりしていたことなどが明らかとなっている（森田ほか，2022）。また，2020 年 9・10 月に東京都大田区で小学 5 年生の子供がいる全世帯を対象に実施された調査では，所得が低い世帯ほど失業や休業，収入減少を経験したことや，臨時休校による子どもへのネガティブな影響——学力低下や体力低下，不安やイライラなど——が，ふたり親世帯よりもひとり親世帯において高い割合で生じていたこと，逆にポジティブな影響——親が子どもと過ごす時間の増加や話す時間の増加など——はひとり親世帯よりもふたり親世帯で多く生じていたことなどが明らかとなっている（阿部，2021）。

　一方で，コロナ禍の発生以来，貧困化を防止するための（新規あるいは既存の）支援策が実施・活用されてきた。そうした施策は企業や事業者を対象としたものから個人を対象としたものまで多岐にわたるが，個人・世帯を対象としたものとしては例えば，2020 年には住民基本台帳登録者全員に一律に 10 万円支給された「特別定額給付金」や，低所得世帯を対象とした「臨時特別給付金」，困窮により住居の家賃を支払えず住居を失うおそれがある人に対して家賃額を一定期間支給する「住居確保給付金」，一時的な生活困窮者に対する「生活福祉資金貸付」などを挙げることができる。ただ，こうした支援策については，対象の範囲や手続きの複雑さ・わかりにくさなどから，必要とする人に十分に届いていないといった問題点がしばしば（支援を必要とする）当事者やその支援者から指摘されて（一部は改善されて）きており，その問題点や課題については今後も注意を払い続けていくことが必要である[9]。

---

[9] 生活困窮者や外国人の支援活動現場におけるコロナ禍以前からの問題とコロナ禍によって顕在化あるいは悪化した問題については，例えば稲葉剛ほか編（2020），鈴木江里子編（2021）などを参照してほしい。

5. 社会的不平等にどう向き合うか

　私たちが生活する近代社会では，理念としては平等——とりわけ機会の平等——の担保に積極的な価値が置かれながらも，現実にはそれが十分に担保されているとは言い難い。第3節で触れたように，外国人はその在留資格によって（制度的にあるいは労働市場等における差別によって）就ける仕事が限定されたり，社会保障制度から排除されたりしてきた／いる現実がある。また，第2節で触れたように，日本国籍がある人であっても，どのような地域で生まれどのような経緯で都市への移住を経験したかや，安定した住居や仕事を確保できたかどうかによって，よりよい条件の仕事や生活を獲得する機会が制約されてもきた。2020年からのコロナ禍は人々に様々な負の影響をもたらしたが，そうした影響もまた，第4節で触れたように，すでにこの社会に存在してきた不平等をなぞりあるいは増幅するような形で立ち現れてきた。こうした不平等の拡大がそのまま放置されれば，貧困の拡大・深化を帰結することになるだろうし，それを見なかったことにして放置すれば，より深刻な社会的分断を招くことになるだろう。現に存在している社会的な不平等をまずは直視したうえで，その拡大を食い止め，解消していくための社会的な仕組みをどのように作っていくのかが問われているのである。

232

学習の
ヒント

1. 自分が住んでいる市町村や都道府県にはどのくらいの数の「ホームレス」の人がいるのか，厚生労働省の web サイトなどで調べてみよう。
2. 日本で暮らす / 働く外国人には本章で挙げた以外にどのような人々がいるか，政府の統計などを調べながら考えてみよう。
3. 政府は貧困や不平等についてどのようなデータをとりまとめ，どのような認識を示しているだろうか。例えば厚生労働省の web サイトなどで調べてみよう。

参考文献

阿部彩（2021）「新型コロナウイルス感染症拡大による子どもへの影響」『貧困研究』27：22-34

石井加代子・山田篤裕（2021）「コロナ禍における低所得層の経済的脆弱性─ JHPS コロナ特別調査による分析」『貧困研究』27：35-47.

移住連貧困プロジェクト編（2011）『日本で暮らす移住者の貧困』移住労働者と連帯する全国ネットワーク

稲葉剛・小林美穂子・和田靜香編（2020）『コロナ禍の東京を駆ける─緊急事態宣言下の困窮者支援日記』岩波書店

岩田正美（1995）『戦後社会福祉の展開と大都市最底辺』ミネルヴァ書房

江口英一・西岡幸泰・加藤佑治編（1979）『山谷 失業の現代的意味』未来社

梶田孝道・丹野清人・樋口直人（2005）『顔の見えない定住化─日系ブラジル人と国家・市場・移民ネットワーク』名古屋大学出版会

金明秀・稲月正（2000）「在日韓国人の社会移動」高坂健次編『日本の階層システム6　階層社会から新しい市民社会へ』東京大学出版会：181-200.

北川由紀彦・丹野清人（2016）『移動と定住の社会学』放送大学教育振興会

倉沢進（1968）『日本の都市社会』福村出版

駒井洋（1969）「山谷日雇労働者の社会的移動　職安資料に基づく一試論」『人口問題研究』110：40-8.

鈴木江理子編（2021）『アンダーコロナの移民たち─日本社会の脆弱性があらわれた

　場所』明石書店

総務省行政評価局（2014）『生活保護に関する実態調査結果報告書』

田巻松雄（2014）『地域のグローバル化にどのように向き合うか—外国人児童生徒教育問題を中心に』下野新聞社

中川清（1985）『日本の都市下層』勁草書房

原口剛・稲田七海・白波瀬達也・平川隆啓編（2011）『釜ヶ崎のススメ』洛北出版

樋口直人（2010）「経済危機と在日ブラジル人—何が大量失業・帰国をもたらしたのか」『大原社会問題研究所雑誌』622：50-66.

樋口直人・稲葉奈々子編（2023）『ニューカマーの世代交代—日本における移民2世の時代』明石書店

松沢哲成（1988）「寄せ場の形成，機能，そして闘い」『寄せ場』1：169-98.

森田紘圭・高野剛志・中村晋一郎（2022）「ソーシャルディスタンシングがもたらす格差と分断」林良嗣・森田紘圭編『感染症とソーシャルディスタンシング—COVID-19による都市・交通・コミュニティの変容と設計』明石書店：46-64.

横山源之助（1899）『日本之下層社会』教文館（＝1985 岩波書店）

索引

●配列はアルファベット順/五十音順。＊は人名を示す。

238

分担執筆者紹介

(執筆の章順)

原田　謙（はらだ・けん）

・執筆章→4・5・14

1974 年	埼玉県に生まれる
1996 年	早稲田大学第一文学部哲学科社会学専修卒業
2001 年	東京都立大学大学院都市科学研究科都市科学専攻博士課程 単位取得退学
現在	実践女子大学人間社会学部教授，博士（都市科学）
専攻	都市社会学・社会老年学
主な著書	『社会的ネットワークと幸福感—計量社会学でみる人間関係』 （勁草書房）
	『「幸福な老い」と世代間関係—職場と地域におけるエイジ ズム調査分析』（勁草書房）
	『発達科学入門3　青年期～後期高齢期』（分担執筆　東京大 学出版会）
	『東京大都市圏の空間形成とコミュニティ』（分担執筆　古今 書院）
	『現代日本の人間関係—団塊ジュニアからのアプローチ』（共 著　学文社）
	『東京で暮らす—都市社会構造と社会意識』（分担執筆　東京 都立大学出版会）

伊藤　泰郎（いとう・たいろう）

・執筆章→11・12・13

1967 年	愛知県に生まれる
1991 年	早稲田大学教育学部社会科社会科学専修卒業
1996 年	東京都立大学大学院社会科学研究科社会学専攻博士課程中退
現在	長崎県立大学地域創造学部教授，博士（社会学）
専攻	都市社会学・エスニシティ研究
主な著書	『講座外国人定住問題［第2巻］定住化する外国人』（共著　明石書店）
	『都市社会のパーソナルネットワーク』（共著　東京大学出版会）
	『新編 東京圏の社会地図1975-90』（共著　東京大学出版会）
	『コミュニティ・ユニオン』（共著　松籟社）
	『日本で働く』（編著　松籟社）

編著者紹介

北川　由紀彦（きたがわ・ゆきひこ）

・執筆章→1・3・6・7・8・15

1972 年	愛知県に生まれる
1995 年	慶應義塾大学文学部人間関係学科卒業
2003 年	東京都立大学大学院社会科学研究科博士課程単位取得退学
2003 年	日本学術振興会特別研究員
現在	放送大学教養学部教授，博士（社会学）
専攻	都市社会学，都市下層研究
主な著書	『貧困と社会的排除　福祉社会を蝕むもの』（共著　ミネルヴァ書房）
	『不埒な希望　ホームレス/寄せ場をめぐる社会学』（共著　松籟社）
	『社会的包摂/排除の人類学　開発・難民・福祉』（共著　昭和堂）
	『移動と定住の社会学』（共著　放送大学教育振興会）
	『社会調査の基礎』（共著　放送大学教育振興会）
	『グローバル化のなかの都市貧困　大都市におけるホームレスの国際比較』（共著　ミネルヴァ書房）
	『社会学概論』（単著　放送大学教育振興会）

玉野　和志 (たまの・かずし)

・執筆章→2・9・10

1960 年	石川県金沢市に生まれる
1987 年	東京大学大学院社会学研究科博士課程中退
現在	放送大学教養学部教授，博士（社会学）
専攻	都市社会学・地域社会学
主な著書	『東京のローカル・コミュニティ』（単著）東京大学出版会
	『実践社会調査入門』（単著）世界思想社
	『創価学会の研究』（単著）講談社現代新書
	『近代日本の都市化と町内会の成立』（単著）行人社
	『東京大都市圏の空間形成とコミュニティ』（共著）古今書院
	『ブリッジブック社会学』（共著）信山社

放送大学教材　1539612-1-2411（ラジオ）

新訂　都市と地域の社会学

発　行　　2024 年 3 月 20 日　第 1 刷
編著者　　北川由紀彦・玉野和志
発行所　　一般財団法人　放送大学教育振興会
　　　　　〒 105-0001　東京都港区虎ノ門 1-14-1　郵政福祉琴平ビル
　　　　　電話　03（3502）2750

Printed in Japan　ISBN978-4-595-32479-6　C1336